Geoffrey Asira
Collins Oduor
Amos Gichamba

Avaliação dos efeitos da adopção de SaaS para o Dev de Saccos no Quénia

Geoffrey Asira
Collins Oduor
Amos Gichamba

Avaliação dos efeitos da adopção de SaaS para o Dev de Saccos no Quénia

ScienciaScripts

Imprint

Any brand names and product names mentioned in this book are subject to trademark, brand or patent protection and are trademarks or registered trademarks of their respective holders. The use of brand names, product names, common names, trade names, product descriptions etc. even without a particular marking in this work is in no way to be construed to mean that such names may be regarded as unrestricted in respect of trademark and brand protection legislation and could thus be used by anyone.

Cover image: www.ingimage.com

This book is a translation from the original published under ISBN 978-3-659-13987-1.

Publisher:
Sciencia Scripts
is a trademark of
Dodo Books Indian Ocean Ltd. and OmniScriptum S.R.L publishing group

120 High Road, East Finchley, London, N2 9ED, United Kingdom
Str. Armeneasca 28/1, office 1, Chisinau MD-2012, Republic of Moldova, Europe
Printed at: see last page
ISBN: 978-620-5-67004-0

DEDICAÇÃO

Gostaria de dedicar este projecto de investigação à minha adorável família, amigos e colegas de turma pelo seu apoio, amor e encorajamento indefinidos.

RECONHECIMENTO

Este projecto de investigação foi-me apresentado com a ajuda de várias pessoas. Em primeiro lugar, gostaria de expressar os meus sinceros agradecimentos à Africa Nazarene University por esta unidade como parte do programa MIT - e pelo seu fornecimento de laboratórios informáticos e biblioteca que me ajudaram com alguns materiais de leitura. Sem esquecer a minha sincera gratidão aos meus supervisores Dr. Collins Oduor, Dr. Amos Gichamba e Dra. Kendi Muchungi e outros tutores de módulos que me prestaram uma assistência valiosa e críticas positivas durante as fases de investigação deste projecto.

A minha sincera gratidão vai para os meus pais e amigos pela sua assistência financeira e apoio moral que me concederam ao longo do projecto de investigação. Finalmente, a minha maior gratidão a Deus Todo-Poderoso pela sua graça, orientação, protecção e infinitas misericórdias que me deram coragem, sabedoria e resistência necessárias para iniciar e terminar o projecto de investigação, apesar de todas as dificuldades.

ABSTRACT

O estudo de investigação foi sobre uma avaliação dos efeitos do software como um serviço de adopção para o desenvolvimento da Saving and Credit Co-operatives Society no Quénia com um caso específico da Stima Saving and Credit Co-operatives Society. A Saving and Credit Co-operatives Society (Sociedade das Cooperativas de Poupança e Crédito) avançou na adopção dos mais recentes serviços de Tecnologia da Informação que são oferecidos aos membros como forma de permanecerem relevantes na indústria bancária. A volatilidade na indústria bancária enviou a Saving and Credit Co-operatives Society para uma plataforma mais eficiente e fiável de Software como Serviço em nome da computação em nuvem. Uma tecnologia que tem visto o pessoal a utilizar o trabalho móvel e os membros da Sacco a aceder a serviços e produtos, independentemente do tempo e do local. Só para mencionar apenas alguns, alguns dos serviços de Tecnologias de Informação utilizados incluem o acesso à Máquina de Venda Automática, a utilização de Aplicações Google como a 'Stima Application', a utilização de Dados de Serviços Suplementares Não Estruturados e outras aplicações móveis para depositar dinheiro e desfrutar de outros serviços. No Quénia, as cooperativas de crédito continuam a contribuir fortemente para o Produto Interno Bruto. A Stima Saving and Credit Co-operatives Society está entre as Sociedades de Poupança e Cooperativas de Crédito líderes no país, controlando uma grande audiência com uma variedade de produtos e serviços tecnológicos. O objectivo do estudo era descobrir se o Software como Serviço tem realmente afectado as operações das Sociedades de Poupança e Cooperativas de Crédito. Apesar dos benefícios que vêm com o Software como Serviço, algumas Sociedades de Poupança e Cooperativas de Crédito adoptaram o mesmo mas não utilizaram ou melhor, não se aperceberam plenamente do valor desta tecnologia. O estudo destacou assim a penetração da computação em nuvem em alguns países com uma breve explicação sobre as plataformas de nuvem e o seu modelo de implantação. Os efeitos da nebulosa computacional na Saccos juntamente com os serviços de Comunicação e Tecnologia da Informação na Sociedade das Cooperativas de Poupança e Crédito e os factores que influenciam a adopção da nebulosa computacional também foram elaborados. Isto foi apoiado pela Teoria da Difusão da Inovação e pela Teoria da Adopção, que foram apoiadas pelos estudos empíricos que foram abordados. O estudo visou o pessoal da Stima Saving and Credit Co-operatives Society nos escritórios da filial de Nairobi, que tem uma população de 256 funcionários classificados de acordo com os seus níveis de gestão; quadros superiores, quadros médios, oficiais e pessoal júnior. Uma vez que a população está organizada em estratos como sistema, foi utilizada uma amostragem aleatória estratificada. O investigador utilizou um tamanho de amostra de 86 da população total que foi derivado de uma fórmula de tamanho de amostra - z e utilizou o questionário para realizar medidas qualitativas. Os resultados da investigação indicaram que existe algum nível de adopção de Software como Serviço na Stima Saving and Credit Co-operatives Society e foram influenciados por uma série de factores e também afectados por uma série de efeitos. Do lado dos inquiridos, mostrou que a decisão da Stima Sacco de adoptar o Software como um Serviço cloud computing tinha melhorado a eficiência e eficácia das operações da Sacco. Foi com a esperança da investigação que os resultados do estudo ajudariam na criação de um quadro de adopção de Software como Serviço para as Sociedades Cooperativas de Poupança e Crédito e, assim, no desenvolvimento das Sociedades Cooperativas de Poupança e Crédito no Quénia, e também seriam utilizadas para o conhecimento geral no avanço da nuvem como software como uma tecnologia de serviço.

Palavras-chave: *Cloud computing, Adopção de software como serviço, Efeitos do Cloud Computing*

ÍNDICE

ABREVIATURA

4G	4th Generation Network
App	Application
AI	Artificial Intelligence
AIS	Accounting Information System
ATM	Automated Teller Machine
CPU	Central Processing Unit
CRM	Customer relationship management
D&M	DeLone and McLean Information System Success Model
DOI	Diffusion of Innovation Theory
FOSA	Front Office Service Activity
GDP	Gross Domestic Product
IaaS	Infrastructure-as-a-service
IBM	International Business Machine Corporation
ICT	Information and Communication Technology
IS	Information System
IT	Information Technology
KUSCCO	Kenya Union of Savings and Credit Co-operatives
MIS	Management Information System
MTN	Multinational Mobile Telecommunication
NACOSTI	National Commission for Science, Technology and Innovation
PaaS	Platform as a service
PCs	Personal Computers
SaaS	Software as a Service
SACCOS	Saving and Credit Co-operatives Society
SASRA	Sacco Societies Regulatory Authority
SMEs	Small and Medium sized Enterprises
SPSS	Statistical Package for Social Sciences
TAM	Technology acceptance model
TOE	Technological-Organizational-Environmental
TPB	Theory of Planned Behavior
USSD	Unstructured Supplementary Service Data
UTAUT	Unified Theory of Acceptance and Use of Technology

DEFINIÇÃO DE TERMOS

Adopção: O processo de implementação de uma ideia, produto, serviço ou filosofia nova pelo mercado (Rogers, 2003)

Cloud Computing: Uma forma avançada de permitir o acesso omnipresente, conveniente e on-demand a uma rede de acesso a um conjunto partilhado de recursos configuráveis como os servidores, redes, aplicações, armazenamento e serviços, proporciona assim uma supervisão mínima e interacção com os fornecedores de serviços (Mell & Grance, 2011).

Infra-estrutura como Serviço (IaaS): Um modelo de serviço de nuvem que permite recursos informáticos virtualizados através da Internet (Frost & Sullivan, 2014).

Pague à medida que avança: É um método de subscrição na computação em nuvem onde os serviços são tratados como uma utilidade e os clientes suportam os custos à medida que surgem ou à medida que consomem o serviço (Sultan, 2014).

Plataforma como um Serviço (PaaS): Um modelo de serviço de nuvem em que os programadores e programadores têm acesso a um ambiente sobre o qual podem construir aplicações ou serviços que funcionam na Internet (Mell & Grance, 2011).

Software as a Service (SaaS): É um modelo de computação em nuvem que permite que determinado software seja alojado centralmente, licenciado por assinatura e que pode ser utilizado através de navegadores web, aplicações e até USSD (Meelhuyen, 2014).

CAPÍTULO 1

INTRODUÇÃO E INFORMAÇÃO DE BASE

1.1 Introdução

O projecto de investigação tratava de uma avaliação dos efeitos da adopção de Software como Serviço para o desenvolvimento do SACCOS no Quénia, visando especificamente o caso da Stima Sacco Society. Neste caso, o desenvolvimento de Saccos foi a variável dependente que, naturalmente, é alimentada pelos efeitos da adopção de Software como Serviço. Este capítulo explorou a revolução da Saving and Credit Co-operative Society (SACCOS) e da Cloud Computing com o interessante apoio que o SACCOS recebeu tanto do governo como do seu organismo de cúpula como a Kenya Union of Saving and Credit Co-operative (KUSCCO). O capítulo aprofundou uma ligeira explicação dos produtos e serviços que correm na nuvem pelo Saccos, que também estão listados. No entanto, a investigação também deu uma declaração de problema que foi respondida no final graças aos objectivos específicos.

1.2 Antecedentes do estudo

A Tecnologia da Informação revolucionou as operações do SACCOS não só no país mas em todo o mundo. Mochere, *et al.* (2016), expõe como a indústria de serviços financeiros que são bancos, instituições micro financeiras e SACCOS competem por clientes. Inicialmente, os SACCOS tinham responsabilidades limitadas, mas ultimamente têm diversificado os serviços que costumavam ser prestados pelos bancos comerciais. Actualmente, os SACCOS fazem pagamentos de salários, compensam e emitem cheques bancários, disponibilidade de cartões de ATM (Automated Teller Machine) que eram feitos exclusivamente por bancos comerciais. Esta automatização das operações da Sacco permitiu à Saccos tornar-se mais vibrante e competir mais favoravelmente com bancos e instituições de micro-finanças, assegurando assim que os serviços financeiros no país sejam mais acessíveis até mesmo aos das zonas rurais. A revolução da Tecnologia da Informação (TI) foi também auxiliada por alguns actos governamentais, ou seja, a lei alterada da Sacco em 2008, que exigia que a Saccos automatizasse os seus serviços até ao ano 2012. Isto visava os principais sistemas informáticos da Saccos, canalizando as suas ligações bancárias para o ponto de venda, a banca móvel, bem como a capacidade de gerar relatórios fiáveis tanto para os serviços de gestão como de regulamentação.

No ano de 2011, a Fintech Company no Quénia lançou uma plataforma denominada FinSacco com o motivo de permitir à Saccos integrar as suas operações. No seu estudo, a Fintech já tinha previsto

a necessidade de a chamada instituição financeira dar um passo em frente para que eles consigam fazer chegar as suas operações de front office a dispositivos móveis. Isto contribuiu, portanto, para a banca móvel e pela Internet como ponto de venda. Visavam cerca de 200 Saccos que ofereciam serviços de Front Office Services Activity (FOSA) e tinham adoptado a computação em nuvem, para mostrar como o SACCOS abraçando esta tecnologia poderia reduzir os custos de operação através da aparagem de oficiais de campo e diminuir as práticas indesejadas como a fraude, aumentando assim a eficiência (Mugwe, 2011).

Em 2015, a Nigéria foi descrita como o maior mercado em crescimento no mercado africano das Tecnologias de Informação e Comunicação (TIC) sob utilização da Internet e subscrições móveis. Com muitos SACCOS a tentarem vencer a volatilidade do mercado em termos de automatização dos seus sistemas, o sector financeiro viu o seu caminho para a banca online, máquinas de venda automática (ATM) e a utilização de telemóveis, ou seja, com o Unstructured Supplementary Service Data (USSD). As operações mencionadas a partir do fim dos clientes juntamente com os sistemas internos de operações do SACCOS, principalmente o sistema financeiro e o sistema de recursos humanos, optam por ser feitas a partir da nuvem que é influenciada pela aceitação da utilização da Internet. É muito dispendioso e ineficiente se tivermos todos os serviços feitos internamente pelo próprio SACCOS, daí o apelo à computação em nuvem. De acordo com Atavachi (2013), ele prevê que quando uma organização adquire tal tecnologia, ela afecta o seu desempenho financeiro apenas porque houve ou há uma acumulação de benefícios da acessibilidade do serviço, dos custos de operação e de uma melhor regulamentação para a organização e os seus clientes.

No mês de Novembro de 2017, a Capital Business publicou um artigo sobre como o Co-operative Bank na Oromia tinha feito uma mudança e vontade de que a International Business Machines (IBM) os ajudasse a transformar o seu negócio principal. Oromia queria apoio em termos da infra-estrutura que ajudaria na gestão das suas operações, pelo que pediu ajuda para a actualização do sistema bancário, do seu middleware e da base de dados de armazenamento. As suas operações são provavelmente semelhantes às de um SACCO e, tendo passado por muitas paragens, estavam optimistas de que a tecnologia da nuvem melhoraria as suas operações com uma percentagem maior (Omondi, 2017).

KUSCCO, o corpo de ápice de Saccos no Quénia, também fez lobby pela tecnologia das nuvens aos seus membros, explicando a sua fiabilidade, disponibilidade e características de serviço. Isto foi relatado em 2016 quando a KUSCCO apresentou as quantidades que a Saccos utiliza na aquisição de servidores informáticos que eram muito grandes em números, tornando difícil para alguns Saccos adoptar a tecnologia móvel que lhes poupará algum dinheiro enquanto melhoram a eficiência. Esta mudança mostrou claramente que Saccos iria passar para a computação em nuvem como uma rede digital para armazenamento de dados e acessibilidade a várias aplicações pelo pessoal e clientes, o que será garantido. Desde então, a investigação quis avaliar até que ponto a emergência da computação em nuvem SaaS nas operações do SACCOS no Quénia com um estudo de caso específico da Stima Sacco (Karuiki, 2016).

Muitos Saccos no país estão de facto um passo à frente com a adopção de sistemas automatizados na prestação dos seus serviços. Mwalimu Sacco, Ukulima Sacco e Stima Sacco são apenas alguns Saccos que desfrutam da adesão espalhados por todo o país e que acedem aos serviços a partir de qualquer lugar a partir do Sacco Link para levantar dinheiro através do Multibanco e do uso do M-Sacco que é acedido através do telefone (Karuiki, 2016).

1.2.1 SACCOS no Quénia

O sector dos serviços financeiros no Quénia viu as suas raízes profundas onde cada pessoa é parte integrante de uma sociedade SACCO. SACCOS desenvolveu-se apressadamente em termos de tamanho, estruturas e com uma gama de serviços e produtos. Este crescimento também levou a uma transformação nas suas operações, tendo assim assistido a uma transformação gradual dos sistemas de operações manuais para um sistema mais aberto, eficaz e competitivo. O apelo à melhoria dos sistemas em termos de operações deve-se ao aumento do número de membros e dos serviços a serem prestados ou melhor, a serem oferecidos (Papai, 2015).

O modelo cooperativo continua a crescer no Quénia sob a forma de Sociedade das Cooperativas de Poupança e Crédito (SACCOS). Trata-se de uma empresa empresarial única que é controlada democraticamente, dirigida por membros e auto-ajuda. Além disso, as cooperativas elevaram os padrões de vida das pessoas que viram um papel central no processo de desenvolvimento no Quénia, representando cerca de 25% de todos os serviços financeiros no país, tal como explicado por Schneider (2015). O modelo empresarial único de acordo com a Schneider contribui para 45% do Produto Interno Bruto (PIB) tendo 31% da poupança e depósitos nacionais. O principal objectivo de um SACCOS é reunir as poupanças dos membros e, por sua vez, fornecer-lhes créditos se não os orientar em boas práticas de gestão financeira e práticas de risco (Wanyama, 2008).

O Quénia, enquanto país, goza de um crescimento tremendo e actividades robustas nos Saccos, com um total de 16.000 sociedades registadas e com quase 14 milhões de membros, tornando-o assim no maior movimento cooperativo da região de África. A Sacco Societies Regulatory Authority (SASRA) também deu um número de 3,5 milhões de membros para os 175 membros da Deposit Taking Saccos a nível nacional na sua revisão de 2016. O maior marco continua a ser a integração de tecnologia nas suas operações, que acabará por os ver combater a fraude e melhorar a sua eficiência na prestação de serviços. Os usos da tecnologia com alguns dos SACCOS existentes têm sido objecto de grandes biliões de carteiras de empréstimos de xelins e também a expansão dos SACCOS (Mwaka, 2017).

1.2.2 Sociedade Stima SACCO

A Stima SACCO foi criada em 1970 pela então Companhia de Energia e Iluminação da África Oriental com o objectivo de servir os membros do sector energético. É uma Sociedade Licenciada para a Aceitação de Depósitos que tem como tradição apoiar os membros no seu bem-estar social e económico. A Sacco avançou no ano 2003 e introduziu a Actividade de Serviço de Front Office, vulgarmente conhecida como FOSA, como uma resposta às necessidades bancárias dos seus membros. Até à data, a Stima Sacco está a oferecer serviços bancários aos membros e alargou o seu âmbito e abriu outras seis agências em Olkaria, Eldoret, Nairobi, Kisumu, Mombasa e Nakuru Stima-sacco (Stima- sacco.com, 2017).

Desde o seu início, o SACCOS tem assistido a uma curva de crescimento constante em termos de adesão, em que em meados de 2017, os membros eram 90.000, metade dos quais são membros do sector energético, enquanto os restantes são de outras profissões e empresas. Durante o mesmo ano, a base de activos da SACCO triplicou dos últimos seis anos de 6,2 mil milhões de Ksh. para 23,6 mil milhões de Ksh. com a sua carteira de empréstimos em Ksh. 21 mil milhões de Ksh. para 5,3 mil milhões no mesmo período. O crescimento do número de membros é o resultado de uma vasta gama de produtos e serviços que se exprime como um modo fácil de adesão e uma abordagem centrada no cliente. O SACCO também tenta estar no auge do mundo em movimento com muitas inovações, principalmente na banca móvel onde os membros podem receber micro empréstimos dos seus telefones em qualquer lugar com o país. Estes sistemas funcionam na nuvem, sendo o seu mais recente M-Pawa, uma aplicação móvel popularmente utilizada por para acesso rápido a empréstimos (Biasharaleo, 2017).

A SACCO tem sistemas como o sistema de recursos humanos, o sistema financeiro e sistemas de utilizadores finais que operam em cloud computing, dando assim uma oportunidade de avaliar e compreender a extensão das suas operações em cloud computing SaaS. A automatização dos sistemas permitiu aos membros da Sacco registarem-se através do website e SMS, levantar dinheiro em qualquer ATM do Banco Cooperativo do Quénia que esteja ligada à Stima Sacco, serviços melhorados como o M-Pawa lançado anteriormente, que é o serviço de acesso móvel da Sacco que fornece acesso à conta dos membros, transferência de fundos, carteira móvel, recarga de tempo de antena e consulta de clientes. Os serviços da M-Pawa podem ser acedidos através do USSD *489# ou através da aplicação criada a partir da Google Play Store- Stima Sacco App. Além disso, a Sacco estabeleceu uma parceria com o serviço móvel para que os membros possam depositar o seu dinheiro através da M-Pesa e outros serviços de dinheiro móvel (Stima-sacco.com, 2016).

1.3 Declaração de problemas

Como muitas organizações apressam-se a adoptar a utilização de Software como Serviço para a sua prestação de serviços, SACCOS também não são deixados para trás, uma vez que a computação em nuvem é a nova tecnologia que oferece uma forma alternativa de prestação de serviços. No Quénia, há muitas empresas que oferecem serviços de cloud computing, como a Safaricom, Cloudpap, Angani, Pamoja-Cloud, Multinational Mobile Telecommunication (MTN), Liquid Telcom apenas para mencionar algumas, tanto para o sector privado como para o público (Truehost, 2016).

A Sociedade Stima SACCO também se esticou e aderiu a esta tecnologia móvel e adoptou o Software como um Serviço para facilitar as suas operações e entrega de serviços, de modo a limitar o grande volume de membros e também ganhar uma vantagem competitiva para o mesmo. A tecnologia tem sido tomada como uma mudança de jogo quando comparada com os métodos informáticos tradicionais, criando assim uma grande excitação na indústria financeira. Isto mostrou claramente como o sector financeiro está a enfrentar um mercado dinâmico com muitas novas tecnologias que estão a conduzir a incertezas económicas que são forçadas pelos clientes exigentes e a feroz concorrência do sector. Dito isto, a indústria bancária ainda enfrenta alguns desafios com software de computação em nuvem como estratégias de implementação de serviços, em que a implementação leva mais tempo do que o previsto, o receio de uma coordenação e factores de organização insuficientes que se levantam (Marijn & Anton, 2011).

Apesar dos benefícios que vêm com o software de computação em nuvem como serviço, alguns Saccos que adoptaram a nuvem não têm vindo a utilizar ou, melhor dizendo, não se aperceberam plenamente do valor desta tecnologia. Estudos como El-Gazzar (2014) têm sido feitos sobre a utilização e adopção da computação em nuvem SaaS no sector bancário no Quénia, com estudos menores que se concentram na Saccos para o mesmo. Os estudos sobre a adopção da nebulosa computacional discutem sobretudo a implementação da nebulosa computacional no estrangeiro, tal como eludido por Mell e Grance (2013). Menos estudos mencionaram os efeitos da adopção da computação em nuvem SaaS para o desenvolvimento do SACCOS. Por conseguinte, a investigação visava colmatar a lacuna de conhecimento, procurando avaliar os efeitos da adopção de SaaS para o desenvolvimento de SACCOS no Quénia, tendo escolhido Stima Sacco como estudo de caso. O estudo também estabeleceu os serviços de Tecnologia da Informação utilizados como SaaS no SACCOS, e naturalmente descobriu os factores que influenciaram a computação em nuvem SaaS no SACCOS.

1.4 Finalidade do estudo

Com a taxa crescente de SACCOS no país que é liderada pelos membros cogumelos, este sector financeiro precisa de se intensificar em termos das suas operações, produto e serviço para que a indústria cumpra a sua eficiência no serviço aos seus clientes. Uma vez que as cooperativas têm sido reconhecidas como implementadores para os Objectivos de Desenvolvimento Sustentável das Nações Unidas, o crescimento do SACCOS significa que há uma maior criação de emprego e acesso a financiamentos que, no final, serão utilizados para combater a pobreza e a fome no nosso país Quénia. Além disso, o estudo também dará ao investigador uma oportunidade de compreender o SaaS de computação em nuvem utilizado pelo SACCO da Stima, que preencherá a lacuna de conhecimento que existe entre Saccos e a adopção do SaaS de adopção da computação em nuvem. Além disso, o estudo dará ao Sacco uma visão das funções empresariais que podem ser implementadas na nuvem e também mostrará até que ponto o serviço Sacco IT utilizado como SaaS está a fazer.

1.5 Objectivos

Os objectivos do estudo estavam ligados às variáveis conceptuais que o investigador queria descobrir nas operações do Sacco na nuvem SaaS com um interesse mais particular nos efeitos que afectam a adopção do SaaS.

1.5.1 Objectivo global

Era avaliar os efeitos da adopção de Software como um Serviço para o desenvolvimento de SACCOS no Quénia.

1.5.2 Objectivos específicos

i.   Estabelecer os serviços de Tecnologia da Informação utilizados como SaaS no SACCO;

ii.   Descobrir os factores que influenciam a adopção do SaaS no SACCO;

iii.   Avaliar os efeitos da adopção de SaaS de computação em nuvem nos serviços SACCO.

1.6 Questões de investigação

i.   Quais são os   serviços de Tecnologia da Informação   utilizados SaaS no SACCO?

ii.   Quais são os factores   que influenciam a computação em nuvem SaaS nas operações da SACCO?

iii.   Quais são os efeitos   da adopção de SaaS de computação em nuvem nos serviços SACCO?

1.7 Hipóteses

A adopção de H0 SaaS não terá um impacto significativo nas operações do Sacco.

H1 Adopção de SaaS SaaS terá um impacto significativo nas operações do Sacco.

1.8 Significado do estudo

O significado do estudo fornecerá ao leitor pormenores sobre como a investigação irá beneficiar a sociedade e quem irá beneficiar com a investigação (Regoniel, 2015).

A investigação beneficiará a gestão de topo ao fazer escolhas no que diz respeito à adopção de SaaS para a nebulosa computacional mais para o Gestor de TI da SACCO que terá uma ideia dos efeitos na nebulosa computacional SaaS para a SACCO. A pessoa adquirirá conhecimentos sobre a computação em nuvem SaaS que falta e que pode ajudar o Sacco a mover a maior parte das suas operações para a nuvem. Os objectivos do estudo ajudarão o departamento de TI na avaliação, planeamento e até mesmo na implementação de SaaS para a computação em nuvem. Como resultado, alguns dos SACCOS irão melhorar em termos do seu estatuto de membros, uma vez que continuam a cumprir o seu mandato de servir os seus membros.

O conhecimento adquirido com a investigação estará disponível para qualquer pessoa interessada na adopção de SaaS de computação em nuvem e para outras referências e compreensão.

1.9 Âmbito do estudo

O âmbito da investigação ou do estudo está a ser estudado em função do que o estudo irá explorar exactamente num determinado espaço problemático, tal como explicado por Schimel (2012). O estudo foi adaptado para estudar a Stima SACCO Society Nairobi Branch e realizar uma avaliação do efeito da adopção de SaaS de computação em nuvem para o desenvolvimento do Saccos. Para realizar a investigação, os membros do pessoal da Stima SACCO foram orientados para a recolha de dados e, definitivamente, não todos, mas apenas um estalido, daí o nome do tamanho da amostra.

1.10 Delimitação

É a escolha feita pelo investigador sobre áreas específicas do estudo que deve ser mencionada com limites estabelecidos em objectivos, questões, perspectivas teóricas variáveis interessadas e a população escolhida para a investigação (Marilyn, 2011).

Neste caso, portanto, o estudo não será realizado nas outras Agências da Stima Saccos, mas concentrar-se-á na Sede em Nairobi. Será ainda dirigido às pessoas que prestam serviços aos membros que são o pessoal e não aos próprios clientes que são os membros da Saccos que utilizam alguns serviços que são feitos na nuvem. Finalmente, o estudo não se concentrará ou lidará com os processos que têm lugar no Sacco, mas sim na forma como a maioria dos serviços, se não todos, podem ser adaptados como SaaS.

1.11 Limitações do estudo

De acordo com Marilyn (2011), as limitações de um estudo são a potencial fraqueza que o investigador enfrenta e que está fora do seu controlo. Geralmente vêm em termos de deficiências, condições ou influências que eventualmente colocam restrições à metodologia e conclusões.

Este estudo centrou-se apenas no SaaS de computação em nuvem sem avaliação de outras plataformas de computação em nuvem, ou seja, Infra-estrutura como Serviço (IaaS) e Plataforma como Serviço PaaS, de modo a que os objectivos sejam muito específicos. A outra limitação era o quadro de adopção de SaaS, que é uma preocupação, uma vez que não existe literatura sobre o mesmo e, portanto, deixando sem resposta a questão de porquê outras funções empresariais que não estão na nuvem. Não existiam quadros de adopção de computação na nuvem no terreno.

Foi lamentável que durante a recolha de dados, os dados tenham sido tratados com tanta confiança que o pessoal não demonstrou a sua sinceridade. Isto significou que alguns questionários foram respondidos num grupo, conforme acordado.

1.12 Premissas feitas

Isto geralmente envolve suposições no estudo que não estão de certa forma dentro do controlo do investigador, mas o bom é que mesmo que desapareçam, não tornariam a investigação irrelevante, como notado por (Leedy & Ormrod, 2010).

O investigador presumiu que o pessoal cooperará em termos de fornecer dados durante a recolha de dados e que a amostra representativa da população está familiarizada ou tem ideias sobre computação em nuvem.

1.13 Quadro teórico

O quadro teórico ajuda a clarificar a teoria implícita de uma forma muito simples e definida e tenta acomodar outros quadros prováveis que irão reduzir a injustiça. Na sua maioria, o investigador conceptualiza a natureza do problema de investigação e a forma como este será analisado e investigado Breakwell (2007). Neste estudo, o investigador visou duas teorias para ajudar na elaboração do quadro conceptual. Foram revistos dois modelos que incluem o Modelo de Seddon e o Modelo de Sucesso do Sistema de Informação DeLone e McLean.

As revisões mostram que DeLone e McLean (2003) desenvolveram o seu próprio modelo para avaliar dois aspectos de um sistema de informação em termos do sistema de informação utilizado e do sucesso do sistema de informação. Explica que os aspectos de utilização avaliam geralmente as expectativas sobre os benefícios líquidos da SI utilizada. Outras avaliações são feitas sobre a qualidade dos sistemas e a medida dos benefícios líquidos.

Seddon enumera a qualidade da informação como sendo relevante, oportuna e com resultados precisos. A qualidade do sistema avalia os bugs, a facilidade de utilização, a interface do utilizador e aspectos relacionados com a capacidade de manutenção. Para o lado do utilizador, o modelo avalia se houve um melhor desempenho e uma maior satisfação do utilizador. O benefício líquido analisará especificamente o resultado de todo o processo em termos de adopção ou antes a implementação dos serviços que se traduzem em benefício da organização, para um indivíduo ou para a sociedade. A maioria dos olhos são postos no impacto organizacional que reduz os custos, desenvolve novos produtos e tem extensão do alcance do mercado da organização (Breakwell, 2007).

DeLone and McLean (2003) fizeram uma revisão profunda e abrangente sobre o sucesso do sistema de informação e elaboraram um modelo que avaliou as seis dimensões inter-relacionadas do sucesso da SI. Na sua revisão, as seis eram sobre: impacto organizacional, qualidade do sistema, utilização do sistema, qualidade da informação, satisfação do utilizador e o impacto para o indivíduo. Mais tarde, actualizaram o seu modelo em 2003 com pequenas alterações e agora concentraram-se nos benefícios líquidos, satisfação do utilizador, utilização do sistema, qualidade do sistema, qualidade da informação e qualidade do serviço (Breakwell, 2007).

1.4 Quadro conceptual

O quadro conceptual compreende conceitos que são feitos num plano sequencial e lógico, consistindo em menos estrutura formal, bem como utilizados para estudos onde as teorias existentes são irrelevantes. Como resultado, o quadro conceptual enuncia então os conceitos com as inter-relações propostas que podem ser interpretadas e a observação é bem explicada (Swean, 2015).

A revisão dos dois modelos de adopção que é Seddon e D&M; o estudo utilizou uma integração de modelos para permitir uma avaliação do efeito da adopção de SaaS de computação em nuvem para o desenvolvimento de Saccos no Quénia.

A figura 1 abaixo mostra a dimensão proposta para o quadro conceptual do estudo, que também mostra as variáveis dependentes e independentes;

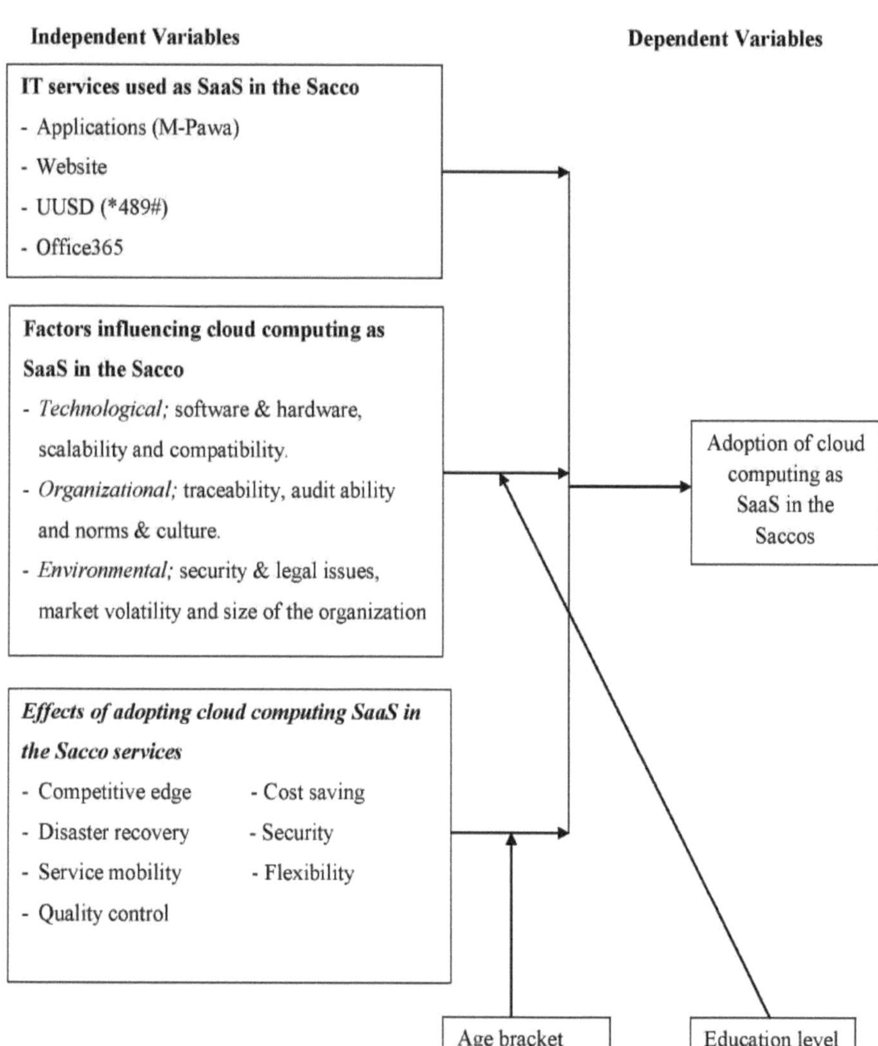

Figura 1-1: Quadro Conceptual da investigação

Fonte: Autor (2018)

Quadro 1-1: Operacionalização dos efeitos que afectam a adopção do SaaS

Cloud computing effects to Saccos	Description
Cost saving	Can also be referred as cost reduction, no matter the size of the organization, when it decides to move to cloud, it saves substantial capital costs that could be spend in purchasing of equipment, infrastructure and software Mishra (2016). Has cloud adoption saved the Sacco time and monies incurred in different operations?
Security	Security in this case refers to a high level and improved data access thus intelligence methods are applied like layered methods like doing data encryption with regular security audits Mohammed, Soh, & Pardede (2012). Does cloud offer good security to the information and data held in the Sacco system, how better is data and information encrypted?
Service Mobility	Service mobility is actually the privilege or that initiative that allows from everyway and anywhere to probably corporate data via smartphones and other devices hence ensuring that you capture everyone in the loop. In an organization, we come across staff amid tight program; others live away from the office, which means that they can use this feature to keep instant updates with their colleagues and clients. Cloud has proved to provide or to offer accessibility to information easily as explained by Hughes (2016). Adoption of cloud computing has allowed for mobile access of systems for staff and access to the members services and products.
Flexibility	In terms of flexibility, in our case here cloud SaaS, offers flexibility to the employees during their work practices. Meaning that they can access files and data and connect virtually while off-site, the Sacco members can connect to the Sacco systems and applications. Flexibility in this context also means, in case you need services on scalability may be additional bandwidth, the service can relay the demand right away, than enduring into

	a difficult costly update to the IT infrastructure Lindsey (2013) Has cloud computing provided for an environment that can allow for adaption of a new transformation to the Sacco?
Quality Control	SaaS adoption leads to quality assurance processes in the organisation systems and applications. Data and information maintenance and consistency will shun from having human error but rather have a clear record that id up to date Hughes (2016). Having a central place of storage, there will be access to the same information to maintain data consistency and avoid human errors.
Disaster recovery	Commonly known as cloud DR, where data backup and restoration is done by storing and maintaining copies of electronic records in a much secured environment. This is done as a security measure so that the organisation can remain in operation even after a disaster strikes, meaning it reduces the downtime of operation McGowan (2010). If the Sacco is hit by a disaster, cloud has quick recovery services which are used in emergency to save the Sacco from productivity, revenue and reputation loses.
Competitive edge	Recent IBM survey indicated that organisations or companies that have adopted cloud computing are advancing and getting the advantage above their rivals. This has helped many companies to derive insights from big data that is helping them in decision making that is good for the betterment of the organization Hinchcliffe (2011). Has cloud computing given the Sacco an up hand in terms service delivery and other products which are offered with organizations belonging to this banking industry.

Fonte: Autor (2018)

CAPÍTULO 2

REVISÃO BIBLIOGRÁFICA

2.1 Introdução

Esta secção do estudo apresenta a análise da literatura relevante relativa às tecnologias SaaS de computação em nuvem e especificamente a sua adopção no contexto queniano, centrando-se em Saccos. Uma visão geral do estado actual da adopção da nuvem; uma breve ideia sobre a computação em nuvem, o seu modelo e serviços no país são também abordados.

2.2 Computação em nuvem

É descrito como um paradigma de Tecnologia da Informação com o objectivo de fornecer armazenamento e acessibilidade de dados e outros programas através da Internet em vez de um acesso ao mesmo a partir do disco rígido do seu computador, tal como explicado por Griffith (2016). A nuvem depende da partilha de dados e informações para atingir a coerência e concentrar-se nos negócios principais, em vez de gastar recursos em infra-estruturas e manutenção de computadores.

O globo tem testemunhado uma evolução na tecnologia das nuvens ao longo do tempo e a forma como esta tomou diferentes formas e utilizou diferentes tecnologias. O argumento de Stanoevska, Wozniak e Ristol (2009) é que as primeiras formas de computação em nuvem foram a grelha que permitiu a múltiplos utilizadores aceder ao computador a partir de um local central utilizando os chamados terminais estúpidos. A evolução incluiu a computação utilitária, que envolve a oferta de recursos informáticos como um serviço medido.

O servidor mainframe foi a primeira implementação de software empresarial implantado no mundo de acordo com Pressman (2005). O mainframe era enorme em tamanho e ocupava frequentemente as salas inteiras e uma máquina potente demasiado capaz de processar várias transacções. Os clientes ligavam-se a ele para aceder à informação, daí o nome 'dump terminals'. No entanto, tinha uma grande desvantagem no custo onde era muito caro e apenas as grandes empresas tinham o poder financeiro para adquirir o serviço. Os mainframes eram frequentemente utilizados para tarefas singulares mas intensivas, como o processamento em massa de transacções que podiam durar horas ou mesmo alguns dias, por vezes. Como a Lei de Moore previu, o mainframe tornou-se gradualmente menos relevante ao longo do tempo. A razão é que as tarefas que estavam a fazer começaram a ser feitas por servidores que eram vistos como sendo mais compactos em tamanho, mas que ainda assim forneciam a potência computacional necessária. Houve debates interessantes sobre se a computação em nuvem é simplesmente um regresso ao paradigma do mainframe. Muitos têm argumentado, incluindo Voas e Zhang (2009), que a nuvem baseada na Internet é muito

muito parecidos com o mainframe e os PCs que a ele se ligam são semelhantes a 'terminais estúpidos' na sua comparação, pelo que parece que fizemos um círculo completo com a tecnologia das nuvens.

Depois houve o modelo de servidor cliente que atraiu popularidade junto das pessoas que tinham computadores pessoais que agora eram um pouco mais acessíveis e mais poderosos. Isto podia permitir que as pessoas se ligassem a um serviço através da criação de uma rede local ou de uma rede de área alargada, uma vez que as aplicações são orientadas por interface que podem ser acedidas através de uma rede ou ligação à Internet.

Nos anos 70, foi inventada a primeira computação distribuída, um modelo com máquinas servidoras que eram geograficamente esparsas. Este modelo tinha uma vantagem única, uma vez que não era necessário ter máquinas realmente potentes, pelo que o poder de computação provinha do poder de processamento colectivo de todas as máquinas ligadas em rede. A eficácia foi alcançada quando a carga de trabalho estava a ser partilhada entre várias máquinas, reduzindo o custo de computação Voas e Zhang (2009).

Actualmente, o mundo é a computação móvel, uma etapa que tem registado um crescimento interessante nos últimos anos. Com esta indústria das telecomunicações, assistimos a inovações que pareciam complexas e que se acreditava funcionarem apenas em computadores, sendo agora feitas por telemóveis. Os sistemas operativos móveis permitiram um ecossistema para aplicações móveis que podem ser facilmente acedidas a partir de lojas de jogos e de aplicações. Isto torna o caminho mais suave e fácil para os clientes da Sacco acederem à sua informação de forma ilimitada (Smith, 2013).

Ao adquirir a computação em nuvem, Rouse (2012) elabora alguns dos benefícios que lhe são inerentes. Ela explica os benefícios e características atraentes para o negócio em conjunto com o cliente. O fornecimento do menu de self-service às mãos dos clientes levou ao cálculo dos recursos que eles querem, independentemente da carga de trabalho que é solicitada, o que expulsou a forma tradicional de os administradores de TI serem chamados para gerir os recursos. A elasticidade é também observada na utilização da nuvem onde uma empresa pode decidir escalar para cima porque os requisitos informáticos podem estar a aumentar ou mesmo a diminuir apenas pela razão de que as exigências diminuem em vez de irem para enormes investimentos com uma infra-estrutura local que, no final do dia, não seria utilizada. A introdução do pagamento por utilização promoveu e alterou a forma como as coisas são feitas, na medida em que os recursos informáticos são calculados a um nível granulado, facilitando assim aos utilizadores apenas o pagamento dos serviços ou recursos que foram utilizados. A computação em nuvem também levou à resiliência da carga de trabalho ao implementar os recursos indesejados, assegurando a existência de um armazenamento resiliente da informação e, consequentemente, a realização de importantes cargas de trabalho por parte dos clientes. As empresas também desfrutam da natureza de flexibilidade de migração, na medida em que podem deslocar algumas das suas cargas de trabalho desejadas de e para a nuvem, mesmo tentando diferentes plataformas que podem ser influenciadas quer pelo custo quer por outros serviços.

Dependendo da natureza específica da organização, a implantação da computação em nuvem pode ser feita em três modelos que são públicos, híbridos e privados. Com o modelo privado, a entrega do serviço é normalmente feita a partir do centro de dados empresarial para clientes internos, oferecendo agora um serviço versátil e conveniente tendo em conta a segurança, controlo e gestão dos centros de dados que são realizados localmente. Enquanto no modelo de nuvem pública, o serviço é fornecido através da Internet e vendido quando há procura, permitindo aos clientes apenas liquidar o custo do consumo de largura de banda, dos ciclos de CPU e do armazenamento. Por outro lado, o modelo híbrido é uma mistura do mencionado modelo público e privado com o objectivo de produzir uma configuração bem unificada, escalável e automatizada que ganha uma vantagem da infra-estrutura fornecida (Khan & Al-Yasiri, 2011).

Para além do mero armazenamento e acessibilidade de dados, a nuvem também fornece grande processamento de dados para armazenamento de dados em grande escala e outros serviços como Inteligência Artificial (IA) para beneficiar a organização. Como sempre, o armazenamento de dados e a acessibilidade de dados vem normalmente com preocupações de segurança, graças ao isolamento lógico que tem provado a sua fiabilidade. A segurança dos dados é melhorada com o modelo público, uma vez que existem ferramentas de acesso antecipado que são feitas em várias formas de identificação e também apoiadas por uma encriptação bem feita (Tornatzky & Fleischer, 1990).

No entanto, o mundo não pode sentar-se e assumir os desafios que vêm com ou que estão associados à computação em nuvem. A começar pela segurança, privacidade à fiabilidade, e disponibilidade do serviço; tem em mente o tempo de inactividade da rede, ficando bloqueado pelos seus fornecedores impedindo até mesmo a migração para outras soluções e a perda de controlo que pode levar a alterações de informação.

2.3 Penetração da computação em nuvem no Quénia

A confiança na tomada de decisões em matéria de TI num ambiente tecnológico em movimento tem assistido a um rápido crescimento e adopção no Quénia e na Nigéria. Uma pesquisa feita pelo Sultão (2010) mostrou que a marca de cloud computing na África do Sul e no Quénia registou receitas de 114,6 milhões de dólares em 2013, com um alcance estimado de 288 milhões de dólares até 2018, classificando o Quénia em 48% de adopção de nuvens até agora.

Os analistas económicos insistem que o crescimento tem sido atribuído a um aumento das competências em TI e a enormes investimentos em redes e canais de comunicação. Definitivamente, isto foi impulsionado pela ligação de três cabos submarinos com expectativas de outros três de acordo com a Autoridade de Comunicação do Quénia. Os cabos aumentaram significativamente a largura de banda da Internet disponível no Quénia, uma vez que a rede de fibra óptica permite uma ligação de alta velocidade que é adequada à computação em nuvem. A implementação da rede 4G pelas empresas de telecomunicações no país acelerará também a sua adopção (Oluwatosin, 2014).

Omwansa, Waema e Omwenga (2014) reconheceram que os vendedores e consumidores de cloud computing em Nairobi continuam a criar a consciência sobre as tecnologias de cloud computing e principalmente sobre os seus potenciais benefícios. Com vários fornecedores de serviços de computação em nuvem no Quénia que fornecem diferentes serviços que incluem o alojamento de soluções de correio electrónico corporativo, backup de nuvem, alojamento virtual, servidores dedicados e software como um serviço agora.

2.4 Plataformas de nuvem

A plataforma Cloud é basicamente um tipo de plataforma que permite aos programadores explorar a computação em nuvem em termos de escrita de aplicações que podem depois ser executadas na nuvem, informando assim um produto ou serviço e mesmo os dois. Temos experimentado nomes diferentes que são utilizados para este tipo de plataforma, em que outros se referem a ela como plataforma como um serviço e a pedido, que é uma técnica inovadora que suporta aplicações futuras. A plataforma geralmente desenvolve, implementa, hospeda, executa e gere aplicações através de programas de apoio, compiladores, bibliotecas de código e interface de programação de aplicações com conjuntos de ferramentas. Com as plataformas actuais, o programador concentra-se apenas no código empresarial e depois a plataforma fornece o resto que garante propriedades não funcionais (Chappel, 2008).

Existem três grandes grupos de capacidades de cloud computing oferecidas pelos serviços de cloud computing; principalmente as capacidades da infra-estrutura, as capacidades da plataforma e as capacidades da aplicação diferem como explicado no Cloud Standards Customer Council.

2.4.1 Infra-estrutura Como Serviço

Estes serviços em nuvem alargaram o seu âmbito para trazer a Infra-estrutura como Serviço (IaaS) normalmente fornecendo recursos básicos de TI que incluem servidores para processamento, dispositivos de armazenamento de dados e opção de rede. O IaaS, como é comummente conhecido, fornece virtualização porque é a base para a partilha de recursos que são importantes para a computação em nuvem e torna-o mais eficiente com custos mais baixos e maior flexibilidade. Com isto, o fornecedor de serviços na nuvem faz normalmente a gestão dos recursos, mas aspectos específicos como o backup dos dados e outras aplicações são deixados para serem feitos pelos próprios clientes. O cliente lidará com as aplicações e outras pilhas de software - mas a maioria dos prestadores de serviços fornece o sistema operativo como parte do serviço na nuvem (Smith, 2013).

As características interessantes do IaaS, principalmente a tradução das capacidades do centro de dados em ambiente de nuvem, tem operadores interessados que agora ficam para tomar decisões fáceis em termos de alocação de servidores, recursos de armazenamento e topologias de rede. Fornecem também alguma assistência aos criadores de aplicações, automatizando os servidores, o armazenamento de dados e a ligação em rede. Isto é apenas um apoio aos processos de desenvolvimento e teste que podem reduzir substancialmente os prazos de entrega dos recursos em relação ao ambiente tradicional no local (Mell & Grance, 2011).

2.4.2 Software Como Um Serviço

Neste conteúdo, Software as a Service (SaaS) representa uma enorme percentagem da quota de mercado da nuvem e continua a ganhar mais um mercado maior em muito pouco tempo, indicando também uma maior adopção. O conceito de SaaS é que utiliza a web para fazer as suas entregas de aplicações com interfaces que podem ser acedidas tanto pelo cliente como pelo terceiro revendedor que o gere. Podemos, portanto, concluir que um bom número de aplicações SaaS pode ser executado directamente a partir dos diferentes navegadores da web, sem necessidade de um para descarregar ou instalar, mesmo que alguns tenham necessidade de plug-ins (Mather, 2009).

Devido à sua entrega através da web, SaaS desempenha um papel significativo na eliminação de alguns dos serviços que são feitos pelos proprietários individuais de computadores, como a instalação e execução de aplicações. Isto tornou ainda mais fácil para as empresas racionalizar algumas das suas aplicações de manutenção e suporte, uma vez que quase todas as aplicações podem ser tratadas pelos seus diferentes fornecedores, diferentes sistemas operativos, servidores, armazéns, redes, dados, a sua virtualização, tempos de execução e até mesmo middleware. Desde o seu início, temos testemunhado o SaaS a ser utilizado principalmente pela Customer Relationship Management, a aplicação de cuidados de saúde e aplicações de comunicação e colaboração como o correio electrónico. Isto também foi tomado como uma vantagem para organizações que gostariam de ganhar em referência à vantagem competitiva onde o SaaS está a ser utilizado como uma fonte extra de geração de receitas (Mell & Grance, 2011).

Neste mundo digitalizado, SaaS foi designado como o novo método alternativo de acesso ao software. Há alguns anos atrás, o software seria comprado directamente e instalado em dispositivos, mas com SaaS, o modo de subscrição roubou-o e esse software pode ser alojado na nuvem e ser acedido através da Internet. A maior parte do SaaS utilizado é o Office 365, Google Apps, Salesforce e aplicações para reuniões online, enquanto algumas das funções empresariais incluem; facturação em contas, , ferramentas de planeamento, acompanhamento das vendas, monitorização e comunicação (Mugwe, 2011)

2.4.3 Plataforma Como Um Serviço

Comummente identificados como PaaS, serviços baseados em nuvem que utilizam aplicações e outros desenvolvimentos diferentes ao mesmo tempo que fornecem componentes de nuvem ao software. Neste caso, o programador precisa de ter uma estrutura sobre a qual se possa basear para que possa criar aplicações ou personalizar as já existentes, o que indica que o programador está agora a ganhar com a nuvem. Os efeitos do PaaS é que vai acelerar os processos de desenvolvimento e teste, o que é ao mesmo tempo mais simples e mais económico. Tal como o SaaS, o PaaS também proporciona a terceiros uma oportunidade de controlar os seus Sistemas Operativos, armazenamento, servidores e também o software. No entanto, aqui, é o desenvolvedor que gere as suas aplicações (Williams, 2012).

A plataforma dá aos programadores software que estão na linha dos seus negócios, juntamente com um portal adicional de auto-serviço que os ajuda no controlo e gestão da infra-estrutura informática no local central e das plataformas instaladas no hardware. Este PaaS empresarial, pode ser feito utilizando o modelo híbrido que se centra tanto no PaaS a nível público como no PaaS privado (Wilder, 2012).

Tomemos um exemplo de como se pode fazer as macros na aplicação Excel, também o PaaS permite a criação de aplicações através da utilização de componentes de software que foram ou podem ser feitos em PaaS. Isto significa que as aplicações em PaaS podem ou herdaram algumas, se não todas, as características da nuvem, como disponibilidade, escalabilidade, locação e até mesmo um potenciador de SaaS. A razão pela qual as empresas optam pelo PaaS é que este reduziu o nível de codificação necessário, levou à automatização da política empresarial e, em bom grau, ajuda na migração das aplicações para o modelo híbrido. Apprenda foi recomendado de PaaS privado para Java e .Net (Steddum, 2013).

2.5 Modelos de Implantação

Consequentemente, a nuvem pode ser implantada através de modelos que representam tipos específicos de ambiente de computação em nuvem, principalmente conhecidos pela sua propriedade, acessibilidade e dimensão. O primeiro modelo de implantação é conhecido como;

2.5.1 Nuvem pública

Também chamada nuvem externa, dá um quadro amplo da lógica de rotina, onde os recursos são fornecidos em peças finas e funcionando em modo de auto-serviço através da web. É tradicionalmente feito por aplicações web ou, em alternativa, através de serviços web que se encontram num terceiro externo que trabalha com uma boa fonte de computação utilitária. A infra-estrutura é propriedade da empresa que fornece os serviços de computação em nuvem, que normalmente a disponibiliza ao público e a outros grupos interessados, tais como universidades e iniciativas governamentais (Lin & Chen 2012).

2.5.2 Nuvem comunitária

Podem ser feitas onde temos várias empresas com necessidades e requisitos semelhantes, pelo que partilharão logicamente a infra-estrutura de modo a beneficiarem da computação em nuvem. Isto significa que o custo se estenderá a menos clientes em comparação com o público, embora a mais de um ocupante, o que torna a opção um pouco dispendiosa, mas o nível de política, segurança e privacidade é melhorado. Este modelo pode ser feito fora do local, ser controlado e gerido por uma das organizações da comunidade (Marin, 2012).

2.5.3 Nuvem híbrida

É o outro modelo que compreende ou duas nuvens diferentes reunidas que são privadas ou públicas, e em algumas incidências, existe um servidor virtual baseado em nuvens que é utilizado juntamente com hardware físico. A tecnologia proprietária neste caso é referida a uma entidade única que depois é correlacionada por alguns padrões que tornarão os dados e aplicações portáteis. Nuvem híbrida é a utilização de hardware e servidor virtual que são unidos para dar um serviço que é único comum. A combinação de armazenamento privado e público em nuvens cria o que é referido como armazenamento híbrido que é normalmente utilizado para backups e funções de arquivo, para que os dados possam ser consistentes (Lin & Chen 2012).

2.5.4 Nuvem privada

É um tipo de modelo que, com algumas características restritivas que o tornam uma das nuvens seguras, na medida em que apenas dá acesso a clientes específicos que o podem operar. Através da utilização de recurso físico computorizado, a nuvem privada tem a capacidade de fornecer energia computorizada como um serviço no e dentro do ambiente virtual. No entanto, o modelo privado só permite a acessibilidade a uma única empresa que tenha uma maior organização da sua privacidade e controlo Mell & Grance, 2011).

2.6 Cloud Computing para o desenvolvimento do Saccos

Os servidores baseados na nuvem simplificaram as questões do servidor interno da Saccos. Como se pode comparar, os servidores in house são muito caros do que os baseados na nuvem, tornando assim possível que os pequenos Saccos também tenham os serviços a um preço muito acessível. Agora a Saccos pode aproveitar a tecnologia da nuvem, que é uma espécie de modelo de pagamento à medida que se avança, permitindo-lhes pagamentos por infra-estruturas que só podem utilizar, bem como melhorar a eficiência, tendo flexibilidade para aumentar ou reduzir instantaneamente a capacidade de computação, dependendo das necessidades (Kariuki, 2016).

A tecnologia envolve múltiplos servidores que estão ligados virtualmente para efeitos de armazenamento de dados aos quais os clientes podem aceder em termos de aplicações, dados não importa o local, dispositivo ou tempo. A prática tem ganho terreno entre os Saccos que desejam reduzir os recursos e as despesas operacionais. A adopção do serviço foi vital, uma vez que a Saccos teve de manter a concorrência dos bancos que tinham avançado mais um passo em termos de plataforma de processamento. A adopção da tecnologia sem fios, utilizando sobretudo os telemóveis, tinha assumido o controlo onde os serviços eram prestados através do USSD. Liderado pelo seu organismo de topo KUSCCO, viu o sentido no apelo à adopção da nuvem, uma vez que nenhum Sacco pode agora escapar à realidade das TIC e como pode ter impacto nas suas operações comerciais. O organismo continua a fazer lobby pelo mesmo no país, de modo que o movimento Sacco se agarra ao novo impulso de fazer coisas que levam à redução de custos e ao aumento da eficácia e eficiência das operações (Kariuki, 2016).

2.7 Efeitos do Cloud Computing para Saccos

Muitos investigadores explicaram como a nuvem desempenha funções e princípios semelhantes para os clientes da web. Isto levou a que os clientes tenham fácil acesso aos ficheiros, aplicação e sistema seguindo procedimentos muito bem concebidos. Os benefícios de Saccos fazer computação em nuvem são como aludido por Salesforce (2017) abaixo;

Há uma *redução de custos* quando se faz uma "nuvem" - tomando um exemplo de um projecto que acabou de ser iniciado, a nuvem permitirá um acesso mais fácil às informações e dados das organizações, o que pode poupar tempo. O ambiente permite o armazenamento de dados e apenas para um espaço específico, pelo que pagará apenas por esse espaço e, portanto, não necessitará de mais infra-estruturas. Os interessados e os seus clientes também terão acesso aos serviços a partir do mesmo espaço, o que significa que há um elevado retorno de receitas a um custo baixo. (O'Connell, 2011).

A segurança da computação em nuvem é descrita como sendo primordial, esta é uma das tarefas de um anfitrião de nuvens que está de olho na segurança da nuvem, um factor que é mais eficiente quando se tem o mesmo quando se utilizam aplicações internas. A segurança deve ser levada muito a sério pelas organizações, pois muitas delas continuam a negar que uma enorme percentagem de roubo de dados seja de facto feita internamente pelos empregados. Com tais razões, a nuvem torna-se então um lugar e um sistema mais seguro que a organização pode introduzir para que mantenham os seus dados e informações sensíveis longe das suas instalações. Os serviços na nuvem devem proporcionar medidas intensas de segurança para garantir que pessoas não autorizadas não acedam de todo à informação. A melhor prática estabelecida neste ponto tem sido a encriptação, que até agora tem funcionado bem com base na nuvem (Hinchcliffe, 2009).

Flexibilidade - ter os servidores internos localmente não dá nem explora a vantagem de flexibilidade que o negócio é suposto aproveitar. Isto também pode ser explicado a partir do ponto de escalabilidade onde uma empresa pode solicitar mais largura de banda, o que é feito instantaneamente com a nuvem. Isto poupará à organização algum lixo de dinheiro que pode ser injectado ao fazer actualizações da infra-estrutura para satisfazer a procura. A flexibilidade conduz à liberdade nas operações comerciais, o que é significativo para o desempenho da empresa (Lindsey, 2013).

No mundo moderno, a *mobilidade* é um factor muito importante, uma vez que contribui para o crescimento da organização ao proporcionar acesso ilimitado à informação e dados da organização através de

dispositivos portáteis como os smartphones. Isto garantirá que ninguém fique mais fora do circuito com o pessoal que ocasionalmente experimenta horários apertados e com aqueles que estão longe das instalações da organização. A mobilidade aqui aplica-se então no sentido em que os funcionários são capazes de manter actualizações instantâneas com os seus clientes e os seus colegas. Desde então, isto tem provado oferecer uma acessibilidade conveniente à informação e dados (Hughes, 2016).

Na computação em nuvem, *o controlo de qualidade* é identificado como o factor chave para a realização da funcionalidade empresarial. Quando uma empresa experimenta uma má qualidade de informação que leva à incoerência na elaboração de relatórios, é um péssimo cenário para trás. Stuarts explica como ter documentos armazenados num local central através da utilização de um único formato de ficheiro ajudará as pessoas a aceder à mesma informação, o que facilita a manutenção da consistência. Este método desencoraja, portanto, erros humanos e promove um registo limpo que pode ser acedido para actualizações (Lindsey, 2013).

Uma organiação deve estar sempre preparada para qualquer tipo de catástrofe, pelo que é necessário um método de *recuperação de desastres* bem feito. Ninguém tem uma forma perfeita de prevenir ou mesmo de antecipar catástrofes que possam prejudicar a organização. A computação em nuvem tem provado oferecer uma resposta rápida quando ocorre uma catástrofe. Estas catástrofes e emergências vão desde desastres naturais a cortes de energia e interrupções. Sabe-se que tudo isto faz com que os serviços da organização fiquem parados, o que influencia directamente as operações comerciais que podem levar à perda de receitas, produtividade e até da marca da empresa (Maamar, 2013).

A competição é saúde, e para se ganhar uma *vantagem competitiva,* é preciso subir e fazer avançar o jogo na sua indústria específica. Com certeza que, à medida que as pessoas se tornam tecnológicas, há pessoas que ainda preferem fazer as suas coisas à maneira local, o que naturalmente as coloca em desvantagem em termos de competir com os seus rivais. Quando implementar a computação em nuvem, será o pai para os outros aprenderem consigo (Hinchcliffe, 2011).

2.8 Serviços de TIC para o tabaco

A implantação da Comunicação e Tecnologia da Informação em Saccos reduz os custos operacionais e melhora a prestação de serviços e a maioria dos serviços são acedidos através de serviços electrónicos (e-services). Alguns dos serviços são utilizados para a troca e recolha de informações ou ideias do público. Este serviço tem vindo a ajudar os membros a encontrar informações e serviços do Sacco. Além disso, os *websites* vêm com serviços bancários online integrados que permitem aos membros do Sacco fazer os seus depósitos online, fazer o pagamento de juros e fornecer um sistema de pagamento de contas online (Baryamureeba, 2014).

O acesso ao dinheiro dos membros através de uma máquina *ATM* computorizada permitiu-lhes realizar tantas operações bancárias sem a ajuda de caixas. Para além do serviço aos membros, os Saccos têm também o serviço de gestão que é gerido com a ajuda do Sistema de Informação de Gestão *(MIS)*. Estes serviços assistem os gestores com ferramentas informáticas que podem organizar, avaliar e gerir eficazmente os departamentos do Sacco. Para poder tomar decisões, gerir pessoas e aplicações de gestão de projectos; o MIS é necessário para fornecer informação passada, presente e de previsão para as tarefas mencionadas (Baryamureeba, 2014).

No que diz respeito às finanças, o Saccos também foi para o Sistema de Informação Contabilística *(AIS)* que faz parte do MIS e é principalmente responsável pelo processamento dos dados financeiros, ajuda na recolha e armazenamento que conduz a uma tomada de decisão adequada. As decisões são geralmente tomadas com base em relatórios financeiros e estatísticos precisos em termos de credores, investidores e reguladores e tributários. Estes relatórios são utilizados por contabilistas, consultores, analistas de negócios e gestores. No entanto, os Saccos também impressionaram a utilização de sistemas de gestão da relação com o cliente *(CRM)* que são eficazes quando se trata de gerir as interacções da empresa para os clientes que estão presentes e os futuros. Os sistemas são adoptados no Saccos para que façam a sincronização das vendas, serviços de apoio ao cliente, marketing e outros, utilizando-os para apoio técnico (Baryamureeba, 2014).

Em termos de comparação de países, Ukulima SACCO tem um sistema avançado de utilização de um telemóvel para retirar de uma caixa multibanco que é um elemento que falta na Stima SACCO. A retirada da caixa multibanco neste caso ainda é feita através da utilização do USSD *346# que dura de três a cinco minutos. Também impressionaram o elemento de utilização do número de conta móvel que é mais utilizado na Stima SACCO (Kariuki, 2016).

2.9 Serviços Sacco mudados para a computação em nuvem

As enormes sociedades tabaqueiras com músculos financeiros pesados têm departamentos de TI totalmente equipados para permitir uma entrega eficiente e eficaz de serviços e produtos de boa qualidade. A partir do próprio Sacco, alguns sistemas operacionais foram transferidos para a nuvem, de modo a facilitar o acesso às operações Saccos através de ficheiros e sistemas partilhados entre departamentos funcionais. Devido às filiais da Sacco, a rede pode agora ser acedida em tempo real, aumentando assim a eficiência das suas operações. Foram aqui testemunhados bons resultados devido à melhoria dos sistemas de relatórios de gestão que levaram à geração de relatórios atempados, fiáveis e abrangentes que podem orientar a realização de debates (Omondi, 2017).

As estratégias do Sistema de Informação no Saccos desempenharam realmente um grande papel na modernização das suas TI e também no alinhamento das mesmas com os mandatos centrais do negócio. Por conseguinte, assistiu-se a mais lançamentos de produtos e serviços na fraternidade Saccos. A tecnologia recente que viu as suas formas de cloud computing em Saccos são; a utilização de instalações de *SMS* em massa, serviços bancários através de caixas automáticos com a marca Visa, a utilização de telemóvel para aceder e depositar fundos através de *USSD* e dinheiro móvel e transferência de fundos de diferentes contas através de telemóveis. A mais recente mudança que foi testemunhada é a banca online para os membros do Sacco. Todos estes avanços têm aumentado a eficácia e eficiência do Saccos e, portanto, a satisfação dos membros também (Omondi, 2017).

2.10 A importância de Saccos no Quénia

A cooperativa formada em todo o mundo alinha-os aos valores e princípios cooperativos, tal como fornecidos pela cooperativa de custódia da Aliança Cooperativa Internacional. A Saccos insere-se apenas nas muitas formas de entidades cooperativas. Neste caso, insere-se no sector bancário das cooperativas com a actividade principal de oferecer serviços de crédito a baixo custo aos membros e, ao mesmo tempo, sacar financiamentos realizados através de poupanças. Como forma de empreendimento auto-dirigida, as condições de empréstimo são geralmente decididas antecipadamente pelos membros, tal como delineado nos regulamentos ou se aprovadas pela maioria dos membros durante as suas AGMs. A estrutura e as empresas que fazem com que a Saccos de hoje lute pela igualdade de clientes com outros concorrentes, como bancos, grupos comunitários e outras organizações financeiras (Kariuki, 2016).

Sendo os Saccos fáceis de formar no Quénia, em comparação com outras empresas comerciais, desempenham um papel muito significativo no país. Ajudaram com uma cultura de poupança inspiradora, a maioria dos indivíduos e mais ainda os jovens juntaram-se à Saccos para se habilitarem financeiramente. As poupanças acumuladas permitem-lhes aceder a facilidades de crédito, uma vez que actuam como garantia para empréstimos. A outra importância adicional da Saccos é que oferecem empréstimos aos membros a taxas de juro muito baixas, tornando-os acessíveis aos cidadãos comuns (Mell & Grance, 2011).

O retorno do investimento tem sido uma característica de chamada para os membros. Quando um Sacco dá aos membros dividendos sobre as suas poupanças, claro que dependendo dos lucros obtidos, é muito encorajador. Isto trouxe uma disciplina de poupança que conduz a uma enorme base de poupança acumulativa e sustentável. Os membros podem ser capazes de ordenar a sua pesada chamada monetária como, por exemplo, agricultura, propinas escolares, casa e muitas outras. Temos Saccos que até foram um pouco à procura de casa para os seus membros (Hillsberg, 2015).

2.11 Factores que influenciam a adopção da computação em nuvem

Já foram feitos estudos no esforço de tentar perceber um ou dois factores que influenciam a decisão de adopção de várias tecnologias com esclarecimento específico sobre o que encoraja ou desencoraja a computação em nuvem. Neste contexto, a investigação examinou alguns factores que ele pensava poder estar a levar à decisão de adopção da nebulosa computacional. Estes factores foram delineados para ser; a dimensão da empresa, a prontidão da tecnologia, a vantagem relativa, o apoio da gestão de topo, a pressão competitiva e a pressão dos parceiros comerciais também. Ao listar os factores acima referidos, Morgan (2012) classifica os factores em três grandes factores que são tecnológicos, organizacionais e ambientais (Harfoushi, *et al.,* 2016).

Os *factores tecnológicos* que têm impacto na utilização da computação em nuvem contêm benefícios virtuais em termos de poupança nas despesas de hardware e software, grau de escalabilidade e o tempo poupado também. A capacidade de a tornar mais eficiente e de fazer avançar os processos internos utilizando as ferramentas da nuvem torna muito mais fácil a actualização contínua à medida que o negócio muda, tornando-a assim compatível. Em termos de complexidade da computação em nuvem, as pessoas já sabem como gostam de operar e, portanto, se os sistemas se tornarem intuitivos, a nuvem torna-se de simples utilização, sem qualquer utilização dos manuais. No entanto, existe também uma opção de experimentação com estudos-piloto a serem feitos. No entanto, os factores tecnológicos enfrentam alguns desafios tais como integração, largura de banda, conectividade, formação e manuseamento que são necessários para construir sistemas intuitivos às necessidades dos utilizadores (Morgan, 2012).

Sob os *factores organizacionais* que influenciam a utilização da nuvem, a nuvem geralmente tenta promover uma colaboração que promove a sinceridade e a abertura, uma vez que as pessoas têm a sensação de que quando sabem o que está a acontecer a partir do seu trabalho, tendem a sentir que estão bem representadas nesse algo. A computação em nuvem melhora a rastreabilidade juntamente com a capacidade de auditoria, o que é um factor muito importante que demonstra que as coisas estão a ser feitas de forma correcta. Definitivamente, ao lidar com pessoas, há esse aspecto das normas e da cultura e, neste contexto, o pessoal de TI entra em pânico ao perder o controlo que tinha sobre o seu ambiente de TI, o que significa que precisam de um fornecedor de serviços de nuvem de confiança que responda e resolva imperativamente as questões e, se possível, tenha competências para se adequar à paisagem de nuvens (Morgan, 2012).

Relativamente aos *factores ambientais, as* questões de segurança e legais tornam-se uma preocupação onde as jurisdições de dados, os riscos de segurança e a confidencialidade dos dados são primordiais. Os clientes examinam o que a organização faz em relação às tecnologias na nuvem e, portanto, é errado que as empresas pensem em implementar qualquer sistema na nuvem com a utilização de uma aplicação que seja leve. Devido à falta de normas adequadas em matéria de nuvens, as empresas não conseguem abordar certas normas de continuidade de negócios e de protecção de dados. O âmbito do mercado é também outro factor a ser considerado, uma vez que a grande organização significa que necessitam de um Sistema de Informação mais avançado e SaaS parece ser a resposta em termos de inovação de dados. Uma organização consideraria mudar para actividades electrónicas de modo a sincronizar a maior parte do seu trabalho. O outro factor é a volatilidade do mercado onde as organizações o que devem adoptar a inovação informática na sua função empresarial (Morgan, 2012).

2.12 As teorias do estudo

É uma secção que discute as teorias que guiaram o estudo na formulação das variáveis que foram medidas e as relações estatísticas que foram trabalhadas. Para este caso, foram discutidas as teorias da difusão da inovação e da teoria da adopção.

2.12.1 Difusão da Teoria da Inovação

Gabriel Tarde ilustrou pela primeira vez a chamada Teoria da Difusão da Inovação (DOI), em 1903, que surgiu com a curva original em forma de S de difusão. Mais tarde, em 1943, Rayan e Gross criaram as categorias de adoptantes que são agora utilizadas na teoria actual, tal como popularizada por Everet Roger. O DOI é agora considerado como um modelo modificado muito valioso para orientar a criatividade tecnológica e a inovação, no sentido em que as inovações são modificadas e apresentadas de forma a satisfazer as necessidades de todos os níveis dos adoptantes (Kaminski, 2016).

Portanto, tal como explicado por Rogers (2003) DOI é esse processo experimentado enquanto as pessoas adoptam uma nova ideia, prática, produto ou filosofia e como as horas extraordinárias a ideia ganhará ímpeto e se difundirá através de uma população ou sistemas sociais específicos. O resultado esperado é que as pessoas, que fazem parte de um sistema social, irão adoptar uma nova ideia, comportamento ou produto. Segundo ele, à medida que os primeiros inovadores difundem mais a palavra, muitas pessoas são alcançadas e esta torna-se aberta, o que depois orienta para a melhoria de uma massa séria e se espalha até que o seu ponto de saturação seja atingido. Rogers fala também dos cinco tipos de adoptantes de uma inovação que são inovadores, a maioria precoce, os primeiros adoptantes e os atrasados e pode-se mesmo ter o sexto grupo a ser os não-adoptadores.

As cinco categorias de adoptantes também podem ser expostas no contexto da adopção da inovação tecnológica, juntamente com a sua influência nos processos de inovação e adopção. No caso de se adoptar uma inovação, então a difusão é realizada, o processo incluirá a sensibilização para a necessidade da inovação, a decisão de adopção ou rejeição, o teste da mesma e depois a utilização contínua da inovação. Os cinco factores que influenciam a adopção também desempenham um papel diferente nas cinco categorias de adoptantes

(Rogers, 1995).

Nesta teoria, obtemos também objectivos que não movem as pessoas dentro das cinco categorias de adoptantes para outra categoria, mas sim racionalizam a inovação para satisfazer as necessidades de todas as cinco categorias. A teoria tem sido bem sucedida em comunicação, agricultura, saúde pública, justiça criminal, trabalho social e marketing. No entanto, o DOI também tem algumas limitações; não promove uma abordagem participativa da adopção, funciona melhor com a adopção de comportamentos do que com a cessação ou prevenção de comportamentos e depois não tem em conta um recurso individual ou apoio social para adoptar o novo comportamento (Toews, 2003).

2.12.2 Teoria da adopção

Na teoria da adopção, menciona que a teoria da difusão da inovação (DOI) e o quadro Tecnológico-Organizacional-Ambiente (TOE) são as duas teorias regularmente utilizadas nos estudos de difusão e adopção da inovação nas organizações. O modelo de aceitação de tecnologia (TAM), a teoria do comportamento planeado (TPB) e a teoria unificada de aceitação e utilização de tecnologia (UTAUT) são também consideradas quando se trata da sua escolha (Oliveira, Thomas & Espadanal, 2014).

Muitos dos estudos já realizados indicam que as adopções se basearam principalmente no modelo TOE, que é amplamente utilizado nos sectores das TI para a adopção de diferentes tecnologias a nível da organização. O quadro geralmente identifica as características internas e externas de uma organização e as características individuais dos empregados como motores da inovação organizacional. Analisa também as características da organização no contexto da sua tecnologia e do ambiente onde a competitividade e a pressão dos parceiros comerciais é considerada.

2.13 Estudos empíricos

Mishra (2016) realizou um estudo sobre os efeitos da utilização da computação em nuvem nas operações das Instituições de Micro Finanças. Nas suas conclusões, reconheceu a relação entre a utilização da nuvem e a instituição de microfinanças como sendo estatística, pelo que um aumento na utilização da nuvem irá definitivamente promover e melhorar as operações de microfinanças. Concluiu também que a adopção do mesmo para a organização reduziu as despesas de manutenção dos centros de dados na organização, uma vez que são necessários menos consumo de energia e pessoal para apoio e gestão das suas infra-estruturas. Ao fazer a sua avaliação do lado dos utilizadores, observou também que mais um utilizador ficou satisfeito com o serviço da nuvem e mesmo outros utilizam mais os serviços e produtos que se baseiam na nuvem. Apontando para o adjetivo número três

Tiren (2017) estudou a adopção da computação em nuvem pelas PMEs no condado de Nairobi. Nas suas conclusões, estabeleceu que havia um nível razoável de adopção de tecnologias de nuvens que estavam a ser conduzidas por factores específicos que encorajam ou impedem a adopção da nebulosa computacional. Continua que as PMEs estavam a ser impulsionadas para a nebulosa computacional, uma vez que a sua poupança em custos, melhora a eficiência operacional interna e facilita o crescimento empresarial. Ele também analisou os desafios em termos de privacidade e segurança e, portanto, recomendou as necessidades do quadro de adopção de tecnologia para a nebulosa computacional. Isto ajudaria, uma vez que o quadro servirá como uma ferramenta para avaliar a prontidão da nuvem que, posteriormente, permitirá a uma empresa pôr em prática medidas adequadas em preparação para a mudança tecnológica. Apoiou a ideia observando que um quadro ajuda a assinalar potenciais áreas problemáticas que precisariam de ser abordadas antes de implementar serviços ou aplicações na nuvem.

Kegan et al. (2005) examinaram o efeito da aplicação bancária em linha no desempenho dos bancos comunitários na América. Durante o seu estudo, utilizou uma equação estrutural para criar um índice bancário em linha e um modelo econométrico para avaliar o desempenho dos bancos. Foi feito um inquérito a dez bancos comunitários e os resultados indicaram que os bancos com serviços bancários alargados em linha tendem a ter um melhor desempenho do que aqueles que estão atrasados. Além disso, a banca em linha ajuda os bancos comunitários a melhorar a sua capacidade de ganho, medida pelo retorno do capital próprio e pela melhoria da qualidade dos activos. Falar com os serviços de TI, tal como salientado pela investigação, é um objectivo.

Riedke (2010) investigou os efeitos da informatização nas cooperativas de poupança e crédito no Uganda e descobriu que a Tecnologia é susceptível de aumentar a eficiência, o alcance e a sustentabilidade das instituições de microfinanças. O estudo descobriu que a tecnologia influenciou positivamente as SACCOs, tornando o trabalho diário mais fácil e mais rápido, e recomendou que à medida que a tecnologia evolui, é necessária mais formação para assegurar a capacidade necessária de recursos humanos.

Oyugi (2014) realizou um estudo para determinar o efeito do serviço automatizado no desempenho financeiro dos SACCOs licenciados pela SASRA no Quénia. Foi seleccionada uma amostra de 45 SACCOs licenciados com base em Nairobi e nos condados de Kiambu. O estudo descobriu que todos os SACCOs tinham empreendido a automatização das operações de BOSA e FOSA nos últimos 5 anos. O estudo descobriu também que a maioria dos SACCOs introduziu serviços bancários pela Internet, serviços bancários móveis e serviços ATM. Estes reduziram a dependência da rede de agências como um mecanismo central de entrega. O estudo deduziu que, tendo em consideração todos os cinco factores (despesas em serviços bancários via Internet, despesas em automatização, despesas em serviços bancários móveis, número de cartões ATM emitidos e dimensão do SACCO), existe um efeito positivo no desempenho financeiro dos SACCOs licenciados pela SASRA. O estudo concluiu que, em geral, os serviços automatizados têm uma influência positiva sobre o desempenho financeiro dos SACCOs no Quénia.

2.14 Resumo da Revisão da Literatura

A computação em nuvem foi definida por Griffith (2016) com uma história de como veio a existir explicando o que se requer para se entrar no ambiente de computação em nuvem. Há também uma revisão notável sobre a penetração da computação em nuvem no Quénia, citando como os cabos aumentaram significativamente a largura de banda da Internet, graças à ligação generalizada de cabos de fibra óptica. A revisão também analisa as amplas capacidades oferecidas pelos serviços de cloud computing e as plataformas disponíveis para os mesmos. Esta análise foi uma extensão dos modelos de implementação de cloud computing que proporcionam um ambiente que se distingue muito pela propriedade, tamanho e acesso.

A tecnologia também tem visto as suas raízes nos Saccos, que vão em busca de um modelo de pagamento à medida que se vai, para que melhorem a sua eficiência e flexibilidade. Os efeitos da computação em nuvem é também outra coisa que não passará despercebida, uma vez que efeitos como poupança de custos, segurança, flexibilidade, mobilidade, controlo de qualidade, recuperação de desastres e vantagem competitiva têm realmente ajudado a Saccos a voltar-se para a nuvem. Por conseguinte, foram utilizados serviços como websites, depósitos em linha, utilização de ATM, MIS, AIS, CRM e serviços móveis como M-pesa e M-pawa.

Não se pode ignorar que factores que afectam a adopção da computação em nuvem partem de factores tecnológicos, organizacionais e ambientais. A falta de padrões de nuvens faz com que as organizações falhem em abordar certos padrões de continuidade de negócios e de protecção de dados.

A difusão da teoria da inovação e da teoria da adopção tem sido vista como a fórmula das variáveis para o estudo, com uma revisão empírica do estudo.

2.15 Lacuna na Investigação

Foram feitas investigações sobre a adopção da computação em nuvem e estruturas, mas muito poucas ou nenhumas foram feitas sobre os efeitos da computação em nuvem para o desenvolvimento de Saccos no Quénia. A falta deste conteúdo sobre a adopção de SaaS para o SACCOS em matéria de nebulosa tornou provavelmente difícil para eles aventurarem-se nas tecnologias pouco claras e arriscadas. Não existe um conceito claro sobre a adopção da computação em nuvem no Saccos, mas sim a concentração tem sido atraída para os bancos.

Existe uma lacuna de conhecimento na forma como Saccos não operacionalizou completamente os seus serviços na nuvem e mesmo assim faz outros manualmente.

CAPÍTULO 3

METODOLOGIA DE INVESTIGAÇÃO

3.1 Introdução

O capítulo centrou-se principalmente na recolha de dados, como foram processados e na análise de técnicas e métodos que foram aplicados para apresentar a informação recolhida de forma mais coerente. A secção apresenta também a discussão sobre os procedimentos que foram utilizados para o instrumento de recolha de dados, juntamente com um resumo sobre a população-alvo e o tamanho da amostra de estudo, tal como explicado por Zikmund, Babin, Carr, e Griffin (2010). Também nos dão uma ilustração instantânea da metodologia de investigação que explicou os passos técnicos de uma forma adequada ao público. O investigador conseguiu-o, portanto, ao abordar o desenho da investigação, sampleou o desenho e fez o trabalho de campo que foi realizado para recolher e analisar dados utilizando as técnicas analíticas.

3.2 Desenho de investigação

A investigação visava avaliar os efeitos da adopção de SaaS para o desenvolvimento de SACCOS no Quénia; um estudo de caso da Stima SACCO Society. O desenho do estudo adoptado foi descritivo na compreensão da relação das variáveis do estudo, tal como exposto por Tromp e Kombo (2009).

As estatísticas inferenciais baseavam-se, portanto, em estatísticas descritivas e pressupunham a generalização de toda a população a partir da qual se retirava uma amostra. A escolha da concepção da investigação a ser utilizada no estudo foi feita apenas em referência às questões de investigação que foram levantadas no capítulo um do estudo, as variáveis e amostra dos participantes que foram estudados.

O estudo descobriu, contudo, que a população visada era grande, o que teria tido algumas implicações de custos como um factor a considerar. O questionário foi portanto considerado como o melhor instrumento de recolha de dados para o estudo.

Uma vez que o investigador estava presente no terreno, estava em condições de contar, observar, delinear enquanto classificava os dados tal como os recebia dos inquiridos. Isto destinava-se a melhorar o retrato preciso e a singularidade das pessoas, a situação, as frequências e os grupos em que ocorrem diferentes ocorrências.

3.3 Site de Investigação e Justificação

Este estudo foi realizado nos escritórios da Stima SACCO Society Nairobi num esforço de tentar avaliar os efeitos da adopção de SaaS para o desenvolvimento do SACCOS no Quénia. A investigação pressupôs que o processo de recolha de dados seria alcançado devido ao espantoso pessoal da empresa e à sua boa relação de trabalho, tal como referido por alguns dos seus clientes.

A sua crença na honestidade e transparência em toda a sua gestão e prestação de serviços aos membros da SACCO como "cliente primeiro" é uma das virtudes mais preferidas. Em certa medida, isto ajudou a ter uma compreensão de como o Sacco funciona na nuvem e também a compreender as funções específicas do negócio Sacco que são utilizadas como SaaS.

3.4 População alvo

A população-alvo neste contexto refere-se a toda a colecção de equipamentos ou coisas que o investigador pretende estudar após Zikmund et al. (2010). Este estudo específico visa o pessoal da Sociedade Stima SACCO, que tem uma população de 256 pessoas e está classificada como quadros superiores, quadros médios, oficiais e pessoal júnior.

Quadro 3-2: População alvo

Item	Population	% of Population
Senior Management	20	7
Middle level management	48	18
Departmental officers	150	57
Junior Staff members	48	18
Total	**256**	**100**

Fonte: Sociedade Stima Sacco

3.5 Procedimento de Amostragem

O investigador para este caso utilizou aleatoriamente estratificado como técnica de amostragem, de modo a obter o tamanho da amostra do estudo. Neste tipo de técnica de amostragem, a população é separada em pequenos grupos ou estratos, após o investigador escolher o foco final proporcionalmente, ao contrário dos estratos. Nesta pesquisa, os estratos eram diferentes níveis de gestão da SACCO, começando pela direcção, o meio, os oficiais e os membros do pessoal júnior. A razão para a escolha aleatória estratificada para amostragem deve-se a uma medição precisa dentro dos estratos que são muito homogéneos, o custo de observação será reduzido pela estratificação dos elementos da população num agrupamento conveniente e, finalmente, os parâmetros populacionais estimados foram desejo dos subgrupos da população (Dudovskiy, 2015).

3.6 Tamanho da amostra

O tamanho da amostra é uma representação de toda a população do estudo que foi seleccionada com o objectivo de dar resultados que possam generalizar a população do estudo. Para se fazer a inferência a uma população referenciada existente, o determinante é a subpopulação que se supõe ser estudada, tal como elaborada por

Zubair (2012). A técnica de amostragem que foi utilizada durante o estudo foi estratificada aleatoriamente para amostragem, como mencionado acima. A investigação obteve uma amostra de 86 membros do pessoal da Sociedade Stima SACCO que incluirá os gestores de topo, gestores de nível médio, oficiais e membros do pessoal júnior. Estes 86 membros do pessoal foram seleccionados aleatoriamente a partir do papel escolhido com os números de pessoal e também se presentes no trabalho. O investigador partiu do princípio de que isto iria ajudar a poupar tempo e os resultados foram considerados representativos da população visada.

O investigador utilizou a fórmula z para chegar a 86 como o tamanho da amostra, conforme aludido por Zubair (2012).

$$n = \frac{(Z^2 \times p \times q)}{d^2}$$

Por onde:

n= tamanho da amostra

Z= 1,96 por exemplo, o nível de significância será fixado em 95% de intervalo de confiança, pelo que o valor Z de 1,96

p= proporção da população alvo da população total estimada que será de cerca de (6% que é de 0,06). Isto significa que são apenas 15 membros do pessoal da população alvo que têm uma compreensão e conhecimento sobre SaaS de computação em nuvem.

q= variável que foi calculada como (1-p)

d= nível de erro aceitável

Assim, o tamanho da amostra será atingido por;

$$n = \frac{1.96^2 \times 0.06 \times 0.94}{0.05^2}$$

$$n = \frac{3.8416 \times 0.06 \times 0.94}{0.0025}$$

$$n = 86$$

Quadro 3-3: População da amostra

Item	Population	Sample	% of sample population
Senior Management	20	6	7
Middle level management	48	15	18
Departmental officers	150	50	57
Junior Staff members	48	15	18
Total	**256**	**86**	**100**

Fonte: Sociedade Stima Sacco

3.7 Procedimento de recolha de dados

O estudo requerido para um pedido de autorização de investigação da NACOSTI que foi recolhido em Abril, e também procurou uma carta de autoridade da Universidade Nazarena Africana que ajudou a sair para fazer a recolha de dados. Os dados foram recolhidos utilizando questionários que ajudaram a obter informações dos inquiridos. Aproveitando a tecnologia do correio electrónico, alguns dos questionários foram administrados ao pessoal da Stima SACCO via correio electrónico para minimizar o tempo de entrega física. Foi dado algum tempo aos inquiridos para responderem através de correio electrónico e para os que copiaram as suas respostas em papel também foram recolhidos fisicamente.

3.8 Instrumentos de investigação

Para obter o objectivo de investigação alcançado na avaliação dos efeitos da adopção de SaaS para o desenvolvimento do SACCOS no Quénia, foi concebido um questionário padronizado para os membros do pessoal. O questionário suscitou informações sobre atitude, pontos de vista, opiniões e as suas percepções sobre o efeito da adopção de SACCOS para o desenvolvimento de Saccos no país. A ferramenta foi utilizada devido à natureza dos dados que foram recolhidos, tendo em conta o tempo do investigador como factor e sobretudo também para os objectivos do estudo. (Mayflor, 2016).

Dependendo da natureza do nosso estudo, o investigador utilizou um formato fechado com perguntas principais, perguntas importantes e perguntas de gosto.

3.8.1 Pilotagem dos Instrumentos de Investigação

A pilotagem na investigação é muito fundamental, uma vez que é suposto ser feito um pré-teste para validar os instrumentos. A etapa de teste piloto é bastante importante como teste das etapas e instrumentos que o investigador utilizou na recolha de dados para um teste. O objectivo deste teste era corrigir a irregularidade que surgiu dos instrumentos, como explicado por Mugenda e Mugenda (1999).

Numa outra edição de Mugenda e Mugenda (2003), um exemplo piloto de pré-teste é feito numa fracção de um décimo da amostra total com características homogéneas, o que é muito adequado para um estudo piloto. Por conseguinte, o investigador realizou um estudo piloto na International Co-operative Alliance (ICA) para fazer os testes piloto. Nove questionários foram distribuídos para o teste piloto. Alguns dos resultados do piloto foram erros gramaticais e um pouco sobre a disposição das perguntas. Isto fez então a pesquisa para revisitar o questionário para correcção, de modo a cumprir os objectivos do estudo de forma convincente.

3.8.2 Validade dos instrumentos

Neste contexto, a validade é a medida do processo e do produto final, daí a questão de Como e o quê. Nos outros termos, a validade é descobrir se a técnica de recolha de dados fez realmente o que se pretendia fazer e se o método de recolha de dados mediu realmente o que se supõe hipotético medir. Neste caso, a validade dos instrumentos foi feita através do pré-teste do piloto ao pessoal da ICA. O questionário foi-lhes distribuído com uma validade prevista sobre o conteúdo do instrumento, a qual foi verificada através de julgamento profissional. A validade foi garantida através da utilização de dois profissionais que estavam a fornecer a ferramenta de recolha de dados que é o gestor do projecto e o funcionário de TI que fez uma avaliação sobre o significado e os objectivos das entradas que estavam na ferramenta.

3.8.3 Fiabilidade da Investigação

A fiabilidade do teste foi utilizada para obter resultados correlacionados de duas ocasiões da avaliação. Os dados recolhidos durante o pré-teste dos instrumentos foram utilizados em 10 inquiridos do grupo não amostrado para aumentar a fiabilidade. O pré-teste ajudou, portanto, em algumas alterações ao questionário e mesmo na realização dos ajustamentos relevantes sobre os procedimentos e para a recolha efectiva dos dados. Após o ajustamento, o rascunho da amostra foi também testado novamente numa visão geral piloto, assegurando que pelo menos cinco cópias são entregues ao corpo de vértice do SACCOS KUSCCO. As reacções foram novamente recolhidas, examinadas e as medidas tomadas.

3.9 Análise de dados e apresentação dos resultados

Nesta fase, foi feita uma análise de dados que é um procedimento de colocação sistemática dos dados de campo em prontidão de apresentação. Isto incluiu alguns processos de ordenação dos dados, dividindo-os em unidades mais pequenas, seguidos de apontar tendências e padrões antes de tomar uma decisão ao relatar. Entende-se que os métodos de análise qualitativa de dados não são tão bem reconhecidos como os métodos quantitativos. Isto é contribuído pela variação dos volumes e diferentes variedades de dados recolhidos, o que torna a análise de dados um pouco demorada (Cavaye, 1996).

Os dados foram obtidos utilizando o método qualitativo e depois introduzidos no sistema informático analisando software conhecido como Statistical Package for Social Science (SPSS) versão 20 para fácil interpretação. Os dados foram também apresentados em termos de percentagem, média e média. Foram utilizadas análises de correlação e regressão para analisar a relação e os efeitos, respectivamente. Durante estes exercícios, as principais tarefas que foram feitas foram a edição de dados, tratamento de respostas em branco, categorização de dados e codificação de dados.

3.10 Consideração ética

A forma apropriada de se comportar em relação aos direitos daqueles que se tornam sujeitos de um projecto de investigação é referida como sendo ética. Uma vez que houve um estudo profissional, não foi encontrado qualquer problema possível em termos de consideração ética, uma vez que se espera que o pessoal forneça aos peritos dados baseados nas suas competências na área de estudo.

A investigação obteve a autorização da Comissão Nacional de Ciência, Tecnologia e Inovação (NACOSTI) e uma carta da Universidade para facilitar a recolha de dados da Stima SACCO. Isto foi feito a fim de assegurar a protecção dos direitos éticos, assegurar uma elevada manutenção da responsabilidade, protecção do consentimento, e evitar quaisquer danos físicos ou psicológicos que possam surgir durante o exercício.

CAPÍTULO 4

APRESENTAÇÃO DOS RESULTADOS E ANÁLISE DE DADOS

4.1 Introdução

Este capítulo apresenta um resumo da análise de dados e conclusões aprofundadas do estudo, tal como estabelecido no capítulo três, que se refere à metodologia. Os dados que foram recolhidos para o estudo foram apresentados utilizando estatísticas descritivas e inferenciais, bem como dados qualitativos que foram resumidos sob a forma de gráficos e tabelas para simplificar. O capítulo discutiu ainda os resultados que foram obtidos a partir do instrumento primário que foi analisado com a ajuda do SPSS.

4.2 Apresentação da descoberta.

4.2.1 Taxa de resposta

Foram visados 86 respondentes para o estudo, principalmente referidos como o tamanho da amostra, e a investigação recebeu 64 respostas, o que se traduz em 74% como a taxa de resposta assim considerada adequada para análise de acordo com Baruch e Holtom (2008). Para decompor ainda mais, 4 respostas, ou seja 6,25% do total das respostas, foram recebidas por correio electrónico, enquanto 60, ou seja 93,75% das respostas foram entregues fisicamente, o que indica uma representação razoável do tamanho da amostra.

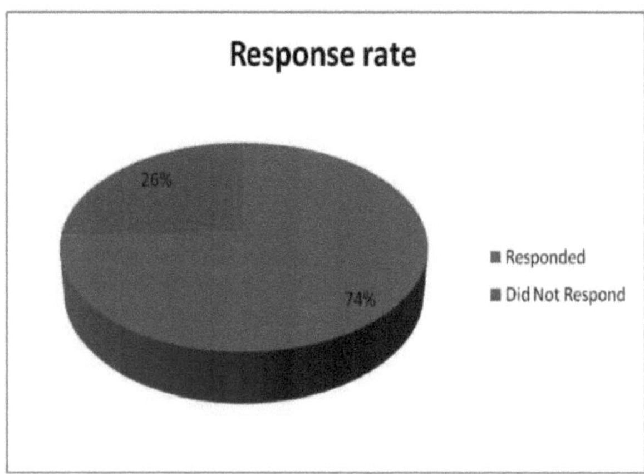

Figura 4-2: Gráfico de resposta **Fonte**: Autor (2018)

4.2.2 Análise Geral de Perguntas

4.2.2.1 Género dos inquiridos

No estudo, foi estabelecido que dos 64 inquiridos 33% eram mulheres enquanto 67% eram homens.

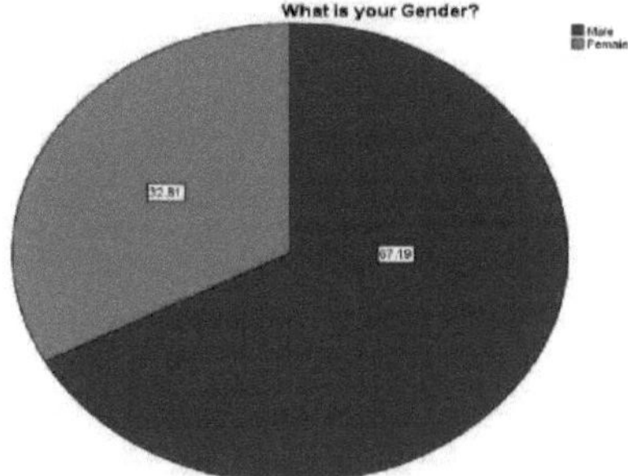

Figura 4-3: Género dos inquiridos.

Fonte: Autor (2018)

4.2.2.2 Escalão etário do inquirido

O investigador classificou a idade dos inquiridos em três escalões etários. A primeira faixa etária situava-se entre os 18-35 anos e tinha 34 inquiridos, o que representava 53% dos inquiridos. A segunda faixa etária era de 36-45 que tinha 36% representando 23 como o número de inquiridos nessa faixa etária, enquanto que a faixa etária de 46-65 anos tinha 11% que é apenas 7 o número de inquiridos.

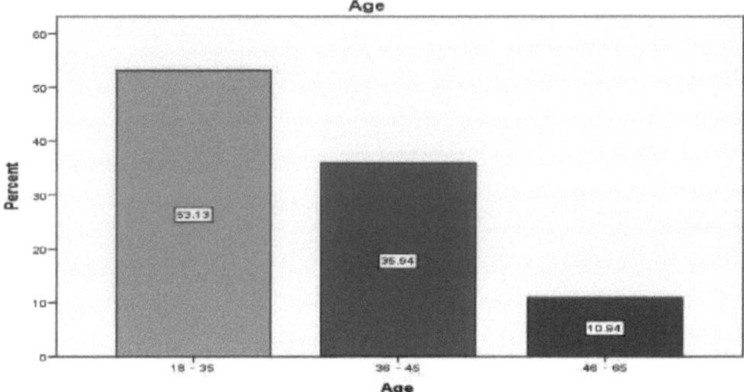

Figura 4-4: Gráfico de faixa etária **Fonte:** Autor (2018)

4.2.2.3 Nível de educação.

O nível de educação no estudo destinava-se a estabelecer os conhecimentos e a capacidade dos inquiridos que actuavam como uma variável moderadora no estudo. Assim, nas conclusões, 9% (6) dos inquiridos tinham certificado como nível de educação, 20% (13) tinham diploma, 55% (35) tinham diplomas, enquanto 16% (10) tinham pós-graduação como nível de educação.

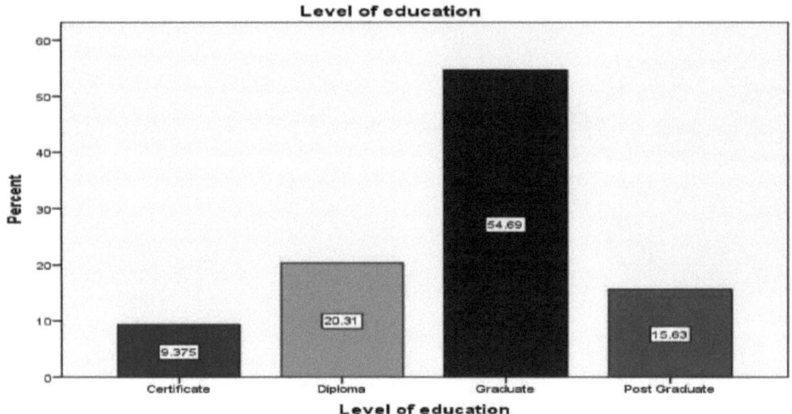

Figura 4-5: Nível de educação

Fonte: Autor (2018)

4.2.2.4 Departamento do Respondente

O questionário foi bem distribuído pelos 9 departamentos da SACCO da Stima, colocando cada um dos inquiridos nos seus respectivos departamentos. Do departamento financeiro, teve 8 inquiridos, o que corresponde a 13% da resposta recolhida; Operações de Crédito 9 representando 14%; Operações de Crédito 11 representando 17%; Gestão de Risco 8 representando 13%; Investigação e Formação 2 representando 3%; Assuntos Corporativos 6 representando 9%; TI e Inovação 7 representando 11% do total; Marketing e Comunicação 9 representando 14% enquanto o departamento de Operações 4 representando 6% do inquirido.

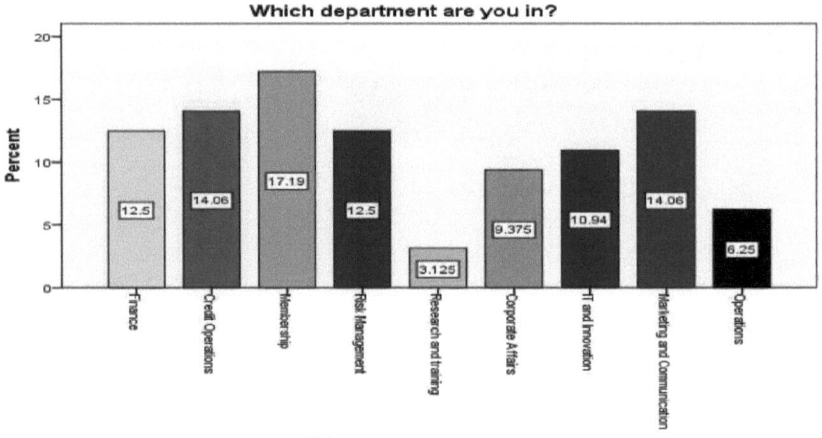

Figura 4-6: Departamentos do tabaco
Fonte: Autor (2018)

4.2.3 Sensibilização SaaS Cloud Computing

Esta secção do questionário procurou descobrir o nível de consciência sobre a computação em nuvem como

SaaS entre o pessoal da Sacco.

4.2.3.1 A adopção pelo Sacco de software de computação em nuvem como um serviço?

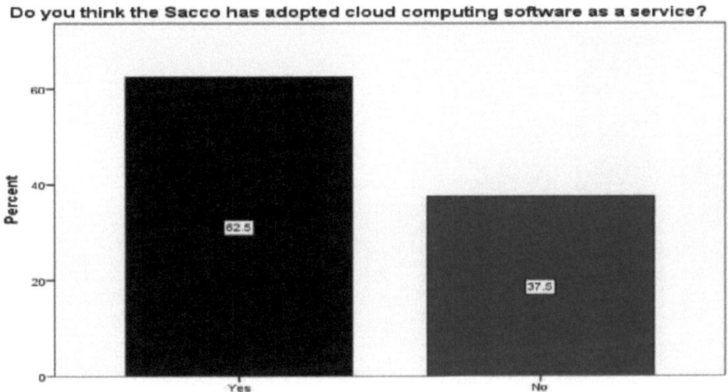

Figura 4-7: **Fonte de** adopção da computação em nuvem: Autor (2018)

A figura 4-7 indicou que a Sacco adoptou SaaS de computação em nuvem onde 62,5% (40) dos que responderam disseram sim enquanto 37,5% (24) disseram não.

4.2.3.2 As funções empresariais que funcionam em SaaS na nuvem

Quadro 4-4: Funções empresariais

	Email & Communication	Finance & Accounting	HR & Payroll	Sales & Marketing	Customer Relation	Backup & Storage	Inventory & Supplies	Enterprise Resource
% of Respondent	94%	88%	5%	69%	55%	52%	30%	17%
No. of Respondent	60	56	3	44	35	33	19	11

Fonte: Autor (2018)

Na busca de saber se o pessoal tinha o conhecimento sobre o negócio implantado na nuvem, a Figura 4-8 mostra o resultado das conclusões de que de 8 funções empresariais apenas 3 tinham uma taxa de inquiridos inferior a 50%. Email & Comunicação teve 94% da resposta Finanças & Contabilidade teve 88%, RH & Folha de Pagamento 5%, Vendas & Marketing 69%, Gestão da Relação com o Cliente 55%, Armazenamento de Backup 52%, Inventário & Suprimentos 30% e Planeamento de Recursos Empresariais teve 17%.

4.2.3.3 Taxa de conhecimento e compreensão de SaaS de computação em nuvem para o inquirido

Esta pergunta destinava-se a estabelecer o conhecimento e a compreensão do SaaS de computação em nuvem entre o pessoal. Dos resultados, 6% das respostas indicaram que o seu nível era muito baixo, 24% mostraram que era baixo, 34% indicaram que era moderado, enquanto 20% responderam com alto e 16% notaram que o seu nível era muito alto.

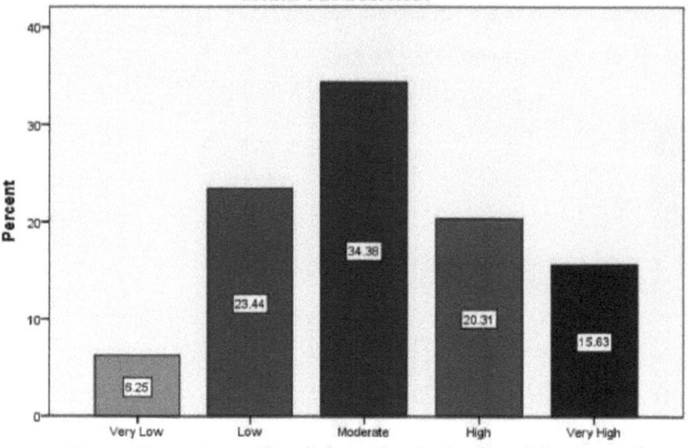

Figura 4-8: Conhecimento e compreensão da computação em nuvem SaaS
Fonte: Autor (2018)

4.2.3.4   Sistema/aplicação que funciona em nuvem para as actividades diárias do Sacco

Ainda sob consciência, 80% que representavam 51 inquiridos indicaram que estavam a utilizar

sistemas/aplicações baseados na nuvem para as actividades diárias do Sacco, enquanto 20% (13) disseram

não.

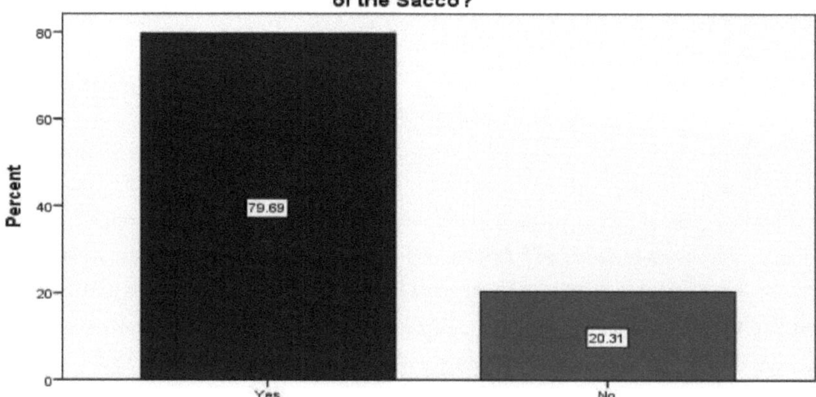

Figura 4-9: Sistema/aplicação na **fonte de** computação em nuvem: Autor (2018)

4.2.3.5   Utilização frequente do sistema/aplicação na nuvem.

Da Figura 4-11, 11% dos inquiridos não responderam a esta pergunta enquanto outros 11% responderam que

nunca utilizaram os sistemas/aplicações com frequência, 8% disseram que raramente o fazem, 13%
responderam com frequência, 22% dos inquiridos com frequência, enquanto 35% responderam que o fazem
sempre.

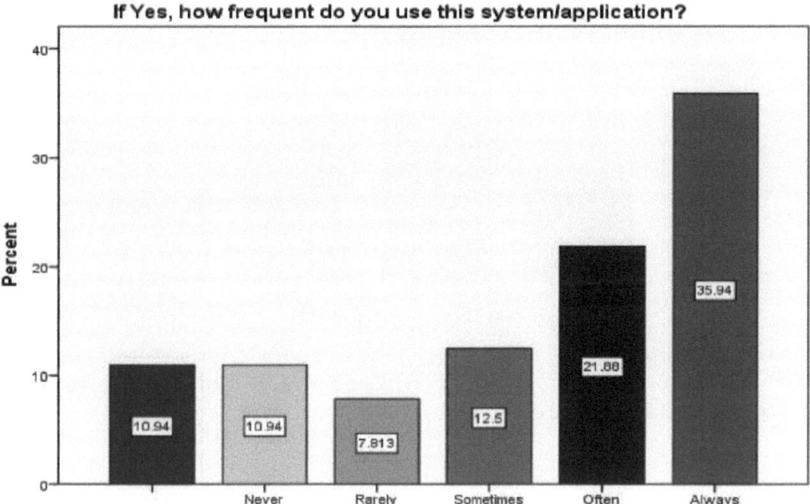

Figura 4-10: Frequência de utilização do sistema/aplicação
Fonte: Autor (2018)

4.2.4 Serviços de TI utilizados como Software como Serviço no Sacco.

Esta secção do questionário devia ser utilizada para estabelecer os serviços de Tecnologia da Informação
utilizados como SaaS no Sacco e em que medida.

4.2.4.1 Serviço de Mensagens Curtas (SMS)

Segundo o SMS, 2% dos inquiridos sentiram que o serviço SMS não é de todo utilizado, enquanto 16%
indicaram que a sua utilização era em pequena medida, 40% responderam que era em medida moderada,
30% disseram que era em grande medida e 12% mostraram que o SMS estava a ser utilizado em grande
medida.

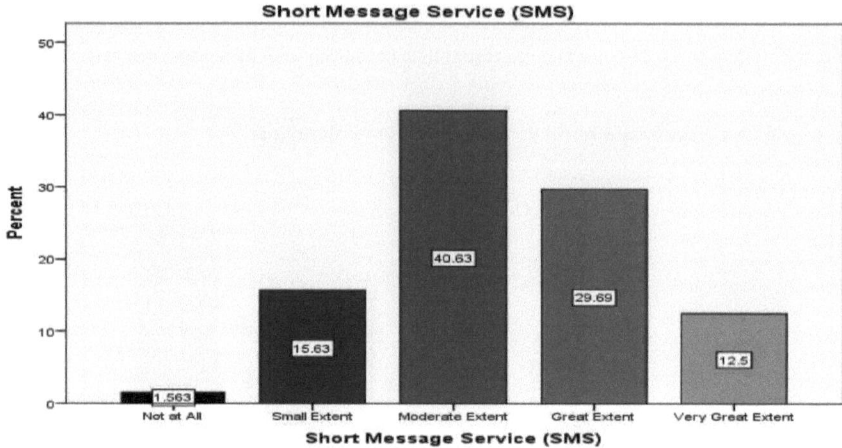

Figura 4-11: Serviço de Mensagens Curtas (SMS)
Fonte: Autor (2018)

4.2.4.2 Dados de serviço suplementares não estruturados

Para estabelecer até que ponto o USSD é utilizado, 36% dos inquiridos disseram que não foi utilizado de todo, 44% observaram que foi em pequena medida, 12% da resposta indicou que foi moderado, 8% indicaram que foi em grande medida e depois não houve resposta em grande medida

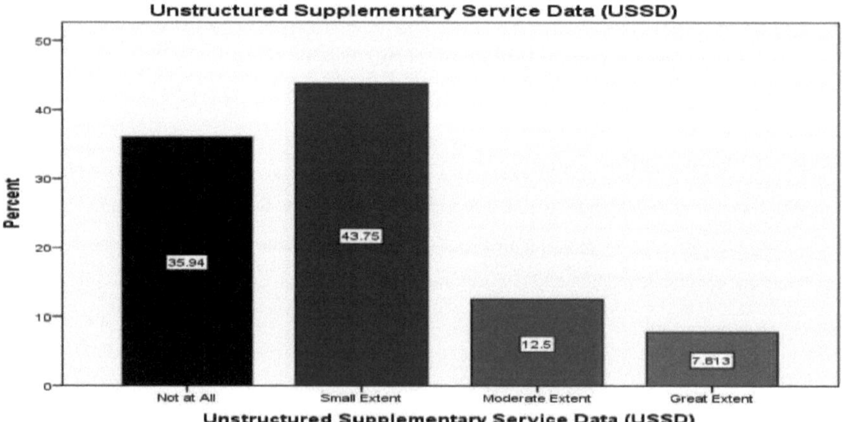

Figura 4- 12: **Fonte de** Dados de Serviços Suplementares Não Estruturados (USSD) Autor (2018)

4.2.4.3 Website

Para utilização do website, 8% dos inquiridos responderam que este não era utilizado ao mesmo tempo 6% indicaram que era em pequena escala, 27% mostraram que era moderado, 34% disseram que era em grande escala e 25% viram que o website estava a ser utilizado em grande escala.

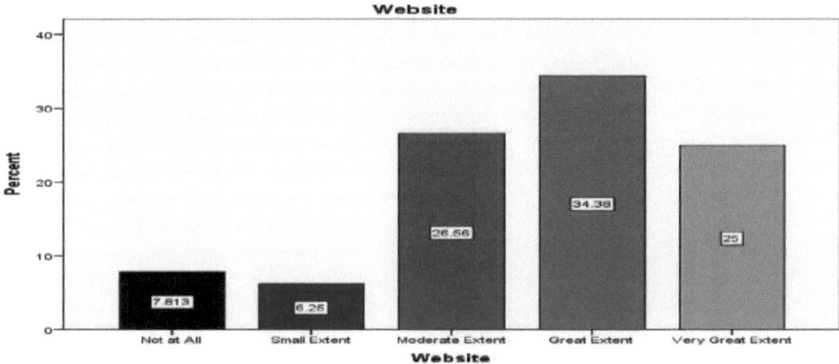

Figura 4-13: Utilização do website
Fonte: Autor (2018)

4.2.4.4 Dinheiro móvel

O dinheiro móvel é uma indústria que cresceu rapidamente no país durante um curto período de tempo. Na caça para descobrir se o mesmo é replicado na Stima Sacco, 6% das respostas disseram que não foi utilizada, 13% dos inquiridos indicaram que foi em pequena medida, 23% pensaram que foi em pequena medida, 42% mostraram que foi em grande medida, enquanto 16% pensaram que o dinheiro móvel foi utilizado em grande medida

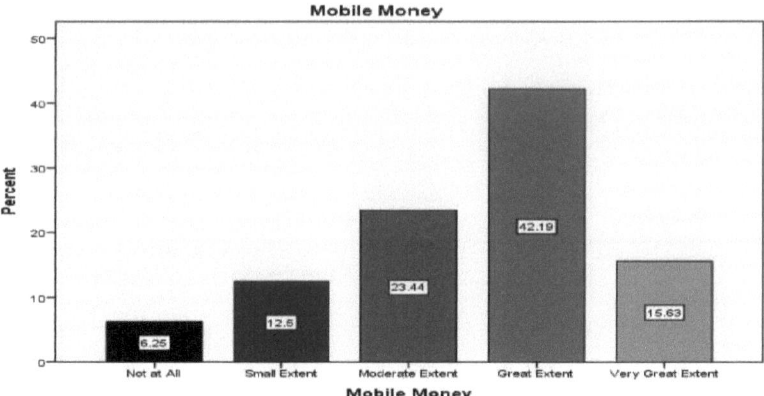

Figura 4- 14: Utilização de dinheiro móvel
Fonte: Autor (2018)

4.2.4.5 Máquinas de Caixas Automáticas (ATM)

Algumas das respostas aqui dadas informaram a pesquisa que o Sacco está apenas ligado ao Cooperative Bank of Kenya e, portanto, os seus membros só podem depositar ou levantar dinheiro para o referido banco. Para apoiar as conclusões, 9% dos inquiridos disseram que não foi utilizado de todo, 61% afirmaram que foi utilizado em pequena escala, 26% disseram que foi em grau moderado, enquanto 2% dos inquiridos indicaram que foi em grande escala e os outros 2% indicaram que foi em grande escala.

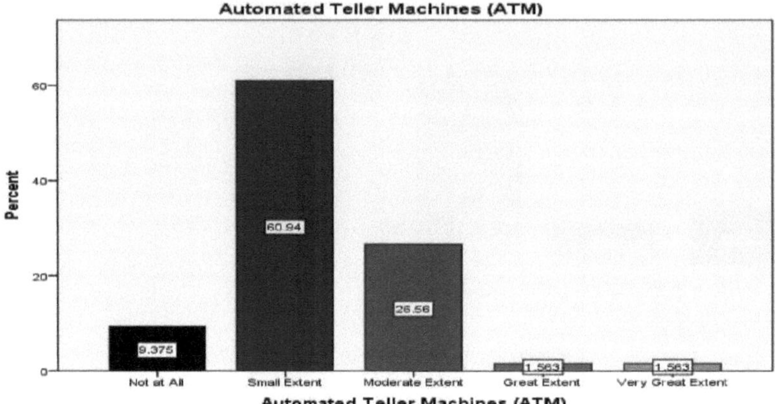

Figura 4-15: Utilização de ATM
Fonte: Autor (2018)

4.2.5 Factores que influenciam a adopção de software como serviço de computação em nuvem

4.2.5.1 Factores tecnológicos

SaaS elimina o custo de licenciamento de software e posse de hardware

A tabela 4-5 apresenta as conclusões relativas à opinião sobre a computação em nuvem como SaaS que pode eliminar o custo do licenciamento de software e posse de hardware, custos iniciais e de conservação. 3% do inquirido discordou fortemente, 24% observou que era neutro, 39% concordou com a declaração, enquanto que 34% concordou fortemente.

Quadro 4-5: SaaS elimina custos

Response	Frequency	Percent
Strongly Disagree	2	3.1
Neutral	15	23.4
Agree	25	39.1
Strongly agree	22	34.4
Total	64	100.0

Fonte: Autor (2018)

SaaS melhora a escalabilidade

O outro factor que foi analisado sob os factores tecnológicos foi se o SaaS aumentava a escalabilidade da forma como o Sacco gostaria de trabalhar. Em resposta à afirmação, 5% discordaram fortemente, 16% estavam em neutral, 59% estavam de acordo e 20% estavam fortemente de acordo, como mostra o quadro abaixo.

Quadro 4-6: SaaS melhora a escalabilidade

Response	Frequency	Percent
Strongly Disagree	3	4.7
Neutral	10	15.6
Agree	38	59.4
Strongly agree	13	20.3
Total	64	100.0

Fonte: Autor (2018)

SaaS faz com que os serviços sejam compatíveis com o trabalho da Sacco

A questão pretendia estabelecer se o SaaS tornava os serviços compatíveis com todas as características do trabalho do Sacco. 5% do inquirido discordou fortemente da declaração, 3% discordou, 25% indicou que era neutra enquanto 47% indicou que concordava com a declaração e 20% mostrou que concordava fortemente com a declaração.

Quadro 4-7: Serviços informáticos a serem compatíveis

Response	Frequency	Percent
Strongly Disagree	3	4.7
Disagree	2	3.1
Neutral	16	25.0
Agree	30	46.9
Strongly agree	13	20.3
Total	64	100.0

Fonte: Autor (2018)

4.2.5.2 Factores organizacionais

A computação em nuvem promove a colaboração e aumenta a rastreabilidade.

A questão era de estabelecer se a computação em nuvem promove a colaboração e a abertura. Quando as pessoas sabem o que se passa a partir de um ponto de trabalho, tendem a sentir-se parte de algo, aumentando assim a rastreabilidade. 3% do inquirido discordou fortemente da afirmação, 2% indicou que discordou, 23% indicou que era neutro, enquanto 39% indicou que concordava e 33% do inquirido mostrou que concordava fortemente.

Tabela 4-8: Promove a Colaboração e aumenta a Rastreabilidade

Response	Frequency	Percent
Strongly Disagree	2	3.1
Disagree	1	1.6
Neutral	15	23.4
Agree	25	39.1
Strongly agree	21	32.8
Total	64	100.0

Fonte: Autor (2018)

SaaS aumenta a capacidade de auditoria.

A questão procurou descobrir se a computação em nuvem SaaS aumentou a capacidade de auditoria, o que demonstra que as coisas estão a ser feitas correctamente da forma correcta. 3% do inquirido discordou fortemente, 2% discordou, 20% pensou que estava em neutral enquanto 42% indicou que concordava fortemente e 32% assinalou que concordava fortemente.

Tabela 4-9: SaaS aumenta a capacidade de auditoria

Response	Frequency	Percent
Strongly Disagree	2	3.1
Disagree	1	1.6
Neutral	13	20.3
Agree	27	42.2
Strongly agree	21	32.8
Total	64	100.0

Fonte: Autor (2018)

SaaS ordenar as normas e a cultura do ambiente informático

Para descobrir se o Sacco precisava de um fornecedor de serviços de nuvem de confiança que pudesse resolver a questão imperativamente devido às normas e cultura do ambiente informático. Do inquirido 3% notou que discordava fortemente, 2% indicou que discordava, 28% estava em situação de neutralidade

Quadro 4- 10: Normas SaaS e cultura do ambiente informático

Response	Frequency	Percent
Strongly Disagree	2	3.1
Disagree	1	1.6
Neutral	18	28.1
Agree	28	43.8
Strongly agree	15	23.4
Total	64	100.0

Fonte: Autor (2018)

4.2.5.3 Factores ambientais

Normas de protecção de dados, daí as questões de segurança e jurídicas

Descobrir se o SaaS abordou a continuidade do negócio e as normas de protecção de dados, daí as questões de segurança e legais abrangidas. As conclusões indicaram que 3% do inquirido discordou fortemente, outros 3% discordaram, 24% disseram que estava em neutral enquanto que 53% do inquirido indicou que concordava e 17% sugeriu que concordava fortemente.

Quadro 4-11: Normas de protecção de dados, daí as questões de segurança e jurídicas.

Response	Frequency	Percent
Strongly Disagree	2	3.1
Disagree	2	3.1
Neutral	15	23.4
Agree	34	53.1
Strongly agree	11	17.2
Total	64	100.0

Fonte: Autor (2018)

SaaS melhora a inovação de dados.

Para estabelecer o âmbito do Sacco foi necessário um Sistema de Informação mais avançado e o SaaS parecia ser a resposta em termos de inovação de dados. A declaração foi fortemente contestada por 2% do inquirido, 3% discordaram dela, 22% estavam em neutral, 59% concordaram com ela e 14% concordaram fortemente com a mesma.

Quadro 4-12: SaaS melhora a inovação dos dados.

Response	Frequency	Percent
Strongly Disagree	1	1.6
Disagree	2	3.1
Neutral	14	21.9
Agree	38	59.4
Strongly agree	9	14.1
Total	64	100.0

Fonte: Autor (2018)

As organizações querem abraçar o SaaS.

Com a volatilidade do mercado, as organizações querem abraçar a inovação informática nas suas funções empresariais. A declaração recebeu resultados mistos em que 2% discordaram fortemente, 3% discordaram, 19% estavam em neutral, 48% estavam de acordo e 28% concordaram fortemente.

Quadro 4-13: As organizações querem aderir ao SaaS

Response	Frequency	Percent
Strongly Disagree	1	1.6
Disagree	2	3.1
Neutral	12	18.8
Agree	31	48.4
Strongly agree	18	28.1
Total	64	100.0

Fonte: Autor (2018)

4.2.6　Efeitos da adopção de software de computação em nuvem como um serviço nos serviços Sacco

4.2.6.1　O software de computação em nuvem como serviço poupa os custos de operações Sacco. A acessibilidade é mais rápida, o que poupa tempo e dinheiro

Para descobrir se a utilização de SaaS facilita o acesso aos dados do Sacco mais rapidamente, poupando assim tempo e dinheiro em comparação com os sistemas internos. 3% discordaram fortemente, 2% discordaram, 23% indicaram ser neutros, 47% concordaram e 25% mostraram que concordavam fortemente.

Quadro 4-14: Acessibilidade é mais rápida, o que poupa tempo e dinheiro

Response	Frequency	Percent
Strongly Disagree	2	3.1
Disagree	1	1.6
Neutral	15	23.4
Agree	30	46.9
Strongly agree	16	25.0
Total	64	100.0

Fonte: Autor (2018)

Sistema de pagamento por encomenda

Na mesma nota, a investigação procurou estabelecer se a computação em nuvem SaaS tinha uma opção de pay-as-you-go e, portanto, não havia necessidade de ter os sistemas alojados com alguns funcionários. 3% dos inquiridos discordaram fortemente, 14% mostraram-se neutros, 55% mostraram que concordavam, enquanto 28% indicaram que concordavam fortemente.

Tabela 4-15: Sistema de pagamento por encomenda

Response	Frequency	Percent
Strongly Disagree	2	3.1
Neutral	9	14.1
Agree	35	54.7
Strongly agree	18	28.1
Total	64	100.0

Fonte: Autor (2018)

4.2.6.2 Os hospedeiros de Cloud Computing oferecem um controlo cuidadoso da segurança.

Características avançadas de segurança

Esta pergunta descobriu se a computação em nuvem SaaS vinha com características avançadas de segurança que eram significativamente mais eficientes do que um sistema convencional interno. 2% mostraram que discordavam fortemente, outros 2% indicaram que discordavam, 20% estavam em neutral enquanto que 53% indicaram que concordavam e 23% mostraram que concordavam fortemente.

Tabela 4-16: Características avançadas de segurança

Response	Frequency	Percent
Strongly Disagree	1	1.6
Disagree	1	1.6
Neutral	13	20.3
Agree	34	53.1
Strongly agree	15	23.4
Total	64	100.0

Fonte: Autor (2018)

Seguro para manter a informação sensível fora do local

Para saber se o SaaS era de facto muito mais seguro para manter a informação sensível fora do local; 2% dos inquiridos discordaram fortemente, 2% discordaram, 26% indicaram que estavam em neutral, 58% concordaram e 12% concordaram fortemente.

Tabela 4-17: Seguro para manter a informação sensível fora do local

Response	Frequency	Percent
Strongly Disagree	1	1.6
Disagree	1	1.6
Neutral	17	26.6
Agree	37	57.8
Strongly agree	8	12.5
Total	64	100.0

Fonte: Autor (2018)

4.2.6.3 A computação em nuvem permite a flexibilidade.

Fácil de adicionar ou reduzir largura de banda e serviços baseados em nuvens.

A questão de saber se a computação em nuvem SaaS era fácil de adicionar ou reduzir a largura de banda, pagando assim por si; 2% discordou fortemente, 3% discordou, 19% indicou que estava em neutral, 53% concordou enquanto que 23% concordou fortemente.

Tabela 4-18: Fácil de adicionar ou reduzir largura de banda e serviços baseados em nuvens

Response	Frequency	Percent
Strongly Disagree	1	1.6
Disagree	2	3.1
Neutral	12	18.8
Agree	34	53.1
Strongly agree	15	23.4
Total	64	100.0

Fonte: Autor (2018)

Sem actualizações complexas e dispendiosas.

Descobrir se a utilização de SaaS significava que o Sacco não precisava de ser submetido a uma complexa e dispendiosa actualização das suas infra-estruturas melhora assim a eficiência global do Sacco. 1% discordaram fortemente, 3% discordaram, 11% indicaram ser neutros, 55% mostraram-se de acordo e 30% concordaram fortemente.

Tabela 4-19: Sem actualizações complexas e dispendiosas

Response	Frequency	Percent
Strongly Disagree	1	1.6
Disagree	2	3.1
Neutral	7	10.9
Agree	35	54.7
Strongly agree	19	29.7
Total	64	100.0

Fonte: Autor (2018)

4.2.6.4   O software de computação em nuvem como serviço promove a mobilidade de serviços.

Acesso móvel aos dados do Sacco através de múltiplos dispositivos

Para descobrir se a computação em nuvem SaaS permitia o acesso móvel aos dados do Sacco através de múltiplos dispositivos; 5% dos inquiridos discordaram fortemente, 6% discordaram, 28% estavam em neutral, 42% mostraram que concordavam e 19% indicaram que concordavam fortemente.

Tabela 4-20: Acesso móvel aos dados do Sacco através de múltiplos dispositivos

Response	Frequency	Percent
Strongly Disagree	3	4.7
Disagree	4	6.3
Neutral	18	28.1
Agree	27	42.2
Strongly agree	12	18.8
Total	64	100.0

Fonte: Autor (2018)

Escritórios para se manterem instantaneamente actualizados com clientes e colegas de trabalho

Em busca de saber se SaaS permitiu ao pessoal com horários ocupados ou que vivia longe dos escritórios da Sacco manter-se instantaneamente actualizado com clientes e colegas de trabalho. 2% dos inquiridos discordaram fortemente da declaração, 11% discordaram, 28% em ponto morto, 39% concordaram e 20% concordaram fortemente.

Tabela 4-21: Escritórios para se manterem instantaneamente actualizados com clientes e colegas de trabalho

Response	Frequency	Percent
Strongly Disagree	1	1.6
Disagree	7	10.9
Neutral	18	28.1
Agree	25	39.1
Strongly agree	13	20.3
Total	64	100.0

Fonte: Autor (2018)

4.2.6.5 Com software de computação em nuvem como serviço, há controlo de qualidade.

Acesso em formato único

Estabelecer se o sistema baseado na nuvem permitiu que os documentos fossem armazenados num único local e num único formato para manter a consistência. 3% do inquirido discordou fortemente, 9% que discordou, foi neutro a 31% enquanto 38% concordou e 19% concordou fortemente.

Quadro 4-22: Acesso em formato único

Response	Frequency	Percent
Strongly Disagree	2	3.1
Disagree	6	9.4
Neutral	20	31.3
Agree	24	37.5
Strongly agree	12	18.8
Total	64	100.0

Fonte: Autor (2018)

4.2.6.6 A recuperação de desastres é melhorada quando se utiliza software de computação em nuvem como serviço.

Esta pergunta procurou descobrir se os serviços baseados na nuvem proporcionavam uma rápida recuperação de dados para todos os tipos de desastres que poderiam ter atingido o Sacco, reduzindo assim o tempo de inactividade que levou à perda de produtividade, receitas e reputação da marca. 9% discordaram disto enquanto 33% estavam em situação neutra, 38% concordaram com isto e 20% concordaram fortemente.

Tabela 4-23: A recuperação em caso de catástrofe é melhorada com a utilização de SaaS

Response	Frequency	Percent
Disagree	6	9.4
Neutral	21	32.8
Agree	24	37.5
Strongly agree	13	20.3
Total	64	100.0

Fonte: Autor (2018)

4.2.6.7 A computação em nuvem dá ao Sacco uma vantagem competitiva

Para estabelecer se o SaaS tinha colocado o Sacco numa vantagem distinta de competir com outros. 6% dos inquiridos discordaram fortemente da declaração, 3% discordaram enquanto que 23% estavam em posição neutra, 47% concordaram e 20% concordaram fortemente.

Tabela 4-24: A computação em nuvem dá ao Sacco uma vantagem competitiva

Response	Frequency	Percent
Strongly Disagree	4	6.3
Disagree	2	3.1
Neutral	15	23.4
Agree	30	46.9
Strongly agree	13	20.3
Total	64	100.0

Fonte: Autor (2018)

4.3 Análise de dados

Após a representação dos dados, esta secção inclui a análise dos dados apresentados acima, que foi recolhida através de um questionário em papel. Como indicado anteriormente, a análise de dados foi feita através da ajuda do sistema informático SPSS que deu os resultados no alfa do Cronbach, análise de correlação e teste de regressão tanto para os factores moderadores como para os objectivos do estudo.

4.3.1 O alfa de Cronbach

O alfa de Cronbach é um procedimento simples e comummente utilizado para determinar a fiabilidade do questionário que foi concebido para o estudo, tal como indicado por Thornhill, Saunders, e Lewis (2012). O teste de fiabilidade é geralmente feito para definir até que ponto o método de recolha de dados utilizado produz resultados consistentes. O quadro abaixo é o resultado das estatísticas de fiabilidade que mostra o coeficiente alfa do Cronbach.

Tabela 4-25: Estatísticas de fiabilidade

Fonte: Autor (2018)

Cronbach's Alpha	Cronbach's Alpha Based on Standardized Items	N of Items
.796	.802	25

Durante o estudo de teste, o teste produziu um coeficiente de 0,796, que foi uma pontuação de mais de a = 0,7 para uma elevada consistência interna, o que significa que o questionário era fiável e aceitável para o estudo.

4.3.2 Correlação entre o nível de educação e o conhecimento do software de computação em nuvem como serviço

O nível de educação no estudo foi tratado como factor interno e externo que influenciou a adopção do SaaS no Sacco. O nível de educação foi considerado como um factor que afectou as normas e cultura de TI da organização. Como SaaS encorajou o acesso a um ponto, alguns dos membros do pessoal ou todos eles precisavam de alguma formação e sensibilização para que pudessem compreender como proceder.

Isto foi considerado para que os ficheiros que são acedidos como em pontos partilhados não fossem adulterados em nome de alguns membros do pessoal não sabiam como os sistemas funcionam.

A análise de correlação identificou se havia uma correlação positiva entre o nível de educação e o conhecimento do software de computação em nuvem como um serviço para melhorar o processo de adopção da computação em nuvem SaaS.

Tabela 4-26: Teste de nível de educação

Correlações

		Level of education	How would you rate your knowledge and understanding of cloud computing Software as a service?
Level of education	Pearson Correlation	1	.206
	Sig. (2-tailed)		.102
	N	64	64
How would you rate your knowledge and understanding of cloud computing Software as a service?	Pearson Correlation	.206	1
	Sig. (2-tailed)	.102	
	N	64	64

Fonte: Autor (2018)

O Quadro 4-26 indicou que havia uma correlação positiva justa com p=.102 nível significativo entre o nível de educação e conhecimento de SaaS de computação em nuvem ao adoptar a Nuvem com a Correlação Pearson =.206. Portanto, o estudo indicou que os inquiridos com elevado nível de educação estavam mais conscientes do SaaS de cloud computing, pelo que o processo de adopção do serviço acabou por ser mais fácil.

4.3.3 A faixa etária e o nível de educação afectaram a mobilidade dos serviços.

Em termos de mobilidade de serviços em que os indivíduos não estão aptos a utilizar o serviço sem o apoio de outros membros do pessoal, o que tem sido visto principalmente na faixa etária dos 46-65 anos. As tendências tecnológicas pareciam não estar familiarizadas com alguma faixa etária e tinham dificuldade em trabalhar ou operar nos sistemas na nuvem. Com tais casos, foi difícil para alguns dos membros do pessoal trabalhar a partir de qualquer ponto de acesso. Este tipo de factor pode potencialmente influenciar a decisão de adoptar o SaaS enquanto o utilizador final é o centro dos processos de adopção.

Tabela 4-27: Teste Anova Faixa etária e nível de educação afectados pela mobilidade dos serviços

ANOVA[a]

Model		Sum of Squares	df	Mean Square	F	Sig.
	Regression	1.259	2	.630	.605	.549[b]
1	Residual	63.475	61	1.041		
	Total	64.734	63			

a. Variável Dependente: A computação em nuvem SaaS permite o acesso móvel aos dados do Sacco através de múltiplos dispositivos.

b. Preditores: (Constante), Nível de educação, Idade

Os resultados indicam que as variáveis independentes são estatisticamente significativas para prever as variáveis dependentes em F=.605 P<0.05.

4.3.4 Objectivo Um; Estabelecer os serviços de Tecnologias de Informação utilizados como SaaS na SACCO

Tabela 4-28: Serviços informáticos utilizados como SaaS no Sacco

Estatística descritiva

	N	Minimum	Maximum	Mean
Short Message Service (SMS)	64	1	5	3.36
Unstructured Supplementary Service Data (USSD)	64	1	4	1.92
Website	64	1	5	3.63
Mobile Money	64	1	5	3.48
Automated Teller Machines (ATM)	64	1	5	2.25
Valid N (listwise)	64			

Fonte: Autor (2018)

O estudo estabeleceu os serviços de Tecnologias de Informação utilizados como SaaS e em que extensão, tal como apresentados no Quadro 4-28. Todos os itens foram medidos numa escala de cinco pontos, conforme indicado abaixo;

1=Não há de todo, 2=Pequena Extensão, 3=Medida Extensão, 4=Grande Extensão, 5=Muito Grande Extensão

Como indicado no quadro, três serviços informáticos tinham uma média superior à média de 2,5, enquanto dois serviços informáticos tinham uma média inferior à média

4.3.5 Objectivo Dois; Descobrir os factores que influenciam a adopção do SaaS na SACCO

Foi realizada uma análise de correlação para identificar potenciais associações entre variáveis específicas. A análise de correlação foi feita utilizando o coeficiente de correlação de Pearson, dado que as variáveis de dados eram ordinais por natureza.

Foi também realizada uma análise de correlação sobre os nove factores que influenciaram o impacto e a eficácia da implantação de tecnologias de nuvens. A análise de correlação mostra que estes nove factores são importantes para medir a eficácia e o impacto da implantação de tecnologias de nuvens.

Tabela 4-29: Matriz de Correlação para os factores

Correlações

		Eliminates cost	Enhances scalability	Compatible with Sacco's work.	Increases traceability	Increases audit-ability	Norms and culture of the IT environment.	Security and legal issues covered.	Advanced Information System	Embrace IT innovation
Eliminates cost	Pearson	1	.500**	.492**	.443**	.270*	.392**	.178	.136	.118
	Sig.		.000	.000	.000	.031	.001	.160	.285	.352
Enhances scalability	Pearson	.500**	1	.487**	.352**	.551**	.526**	.380**	.182	.143
	Sig.	.000		.000	.004	.000	.000	.002	.149	.259
Compatible with Sacco's work.	Pearson	.492**	.487**	1	.382**	.380**	.447**	.305*	.294*	.184
	Sig.	.000	.000		.002	.002	.000	.014	.018	.146
Increases traceability	Pearson	.443**	.352**	.382**	1	.474**	.553**	-.046	.056	.095
	Sig.	.000	.004	.002		.000	.000	.719	.660	.454
Increases audit-ability	Pearson	.270*	.551**	.380**	.474**	1	.678**	.210	.152	.292*
	Sig.	.031	.000	.002	.000		.000	.096	.230	.019
Norms and culture of the IT environment.	Pearson	.392**	.526**	.447**	.553**	.678**	1	.208	.155	.157
	Sig.	.001	.000	.000	.000	.000		.099	.222	.216
Security and legal issues covered.	Pearson	.178	.380**	.305*	-.046	.210	.208	1	.381**	.267*
	Sig.	.160	.002	.014	.719	.096	.099		.002	.033
	N	64	64	64	64	64	64	64	64	64
Advanced Information System	Pearson	.136	.182	.294*	.056	.152	.155	.381**	1	.304*
	Sig.	.285	.149	.018	.660	.230	.222	.002		.015
Embrace IT innovation	Pearson	.118	.143	.184	.095	.292*	.157	.267*	.304*	1
	Sig.	.352	.259	.146	.454	.019	.216	.033	.015	
	N	64	64	64	64	64	64	64	64	64

Fonte: Autor (2018)

<u>**Nota**</u>

Pearson - Correlação Pearson

Sig.　- Sig. (2tailed)

　N-64

**. A correlação é significativa ao nível 0,01 (2-tailed).

*. A correlação é significativa ao nível 0,05 (2-tailed).

4.3.6 Objectivo Três; Avaliar os efeitos da adopção de SaaS de computação em nuvem nos serviços SACCO.

Tabela 4-30: Tabela de regressão de efeitos

Coefficients[a]

Model	Unstandardized Coefficients		Standardized Coefficients	t	Sig.
	B	Std. Error	Beta		
(Constant)	2.132	.636		3.354	.001
When using SaaS, it is easy to access to the Sacco's data faster which saves time and money compared to in-house systems.	.017	.089	.032	.191	.850
Cloud computing SaaS has an option of pay-as-you-go and therefore no need to have the systems in-housed with some staffs.	-.175	.115	-.303	-1.527	.133
Cloud computing SaaS comes with advanced features of security which is significantly more efficient than a conventional in-house system.	-.038	.097	-.062	-.388	.700
By using SaaS, it is actually much safer to keep sensitive information off-site.	.017	.115	.025	.143	.887
With cloud computing SaaS, it is easy to add or reduce bandwidth and cloud-based services which can be met instantly thus pay-as-you-use.	.048	.094	.082	.516	.608
With SaaS, the Sacco does not need to undergo a complex and expensive update to its infrastructure hence improves overall efficiency of the Sacco.	.084	.113	.142	.748	.458
Cloud computing SaaS allows for mobile access to the Sacco's data via multiple devices.	-.002	.088	-.004	-.020	.984
SaaS allows staff with busy schedule or live away from the Sacco's offices to keep instant up-to-date with clients and coworkers.	.007	.098	.015	.074	.941
Cloud-based system allows for documents to be stored in one place and in a single format where everyone can access the same information to maintain consistency.	-.067	.118	-.138	-.571	.570
Cloud-based services provide a quick data recovery for all kinds of disaster that may strike the Sacco hence reducing the downtime that may lead to lost in productivity, revenue and brand reputation.	-.109	.129	-.202	-.842	.404
Having SaaS places the Sacco at a distinct advantage when competing with others.	.016	.085	.034	.187	.852

a. Variável Dependente: Acha que o Sacco adoptou software de computação em nuvem como um serviço?
Fonte: Sacco: Autor (2018)

Tabela 4-31: Anova test a. Variável Dependente: Acha que o Sacco adoptou software de computação em nuvem como um serviço?

ANOVA[a]

Model		Sum of Squares	df	Mean Square	F	Sig.
1	Regression	1.859	11	.169	.669	.761[b]
	Residual	13.141	52	.253		
	Total	15.000	63			

Fonte: Autor (2018)

A partir da tabela de coeficientes, indicou que a variável dependente varia com uma variável independente quando todas as outras variáveis independentes são mantidas constantes. Ao utilizar a regressão se o SACCO adoptou software de computação em nuvem como um serviço, foi previsto a partir dos 11 efeitos. As variáveis estatisticamente preditas variáveis dependentes F= .669, p<0,05. Estes significaram que todos os 11 efeitos acrescentados estatisticamente de forma significativa ao valor de p<0,05.

4.4 Análise de hipotese dos efeitos da adopção de SaaS pela computação em nuvem.

H_0 A adopção do SaaS não terá um impacto significativo nas operações do Sacco.

A adopção de H_1 SaaS terá um impacto significativo nas operações da Sacco.

Tabela 4-32: Teste de hipotese

	Value	df	Asymp. Sig. (2-sided)
Pearson Chi-Square	2.650	2	.071
Likelihood Ratio	1.626	2	.263
Linear-by-Linear Association	2.242	1	.134
N of Valid Cases	64		

Fonte: Autor (2018)

P= 0.05

Valor qui-quadrado = 0,071

Uma vez que 0,071 é superior a 0,05, aceite então a hipótese nula de que a adopção da Cloud computing SaaS tem um impacto significativo nas operações da Sacco.

CAPÍTULO 5

RESUMO DOS RESULTADOS, DISCUSSÃO, CONCLUSÃO E RECOMENDAÇÕES

5.1 Introdução

Nesta secção da tese, o capítulo cinco resume os resultados do capítulo anterior e tem discussões, recomendações e conclusões claras. Os objectivos do estudo são aqui discutidos em comparação com os resultados e outros trabalhos de diferentes estudos e investigações. Isto significa que cada objectivo declarado para o estudo tem um resumo apenas para indicar como foi abordado. O capítulo tem algumas recomendações para a Stima Sacco e também recomendações gerais para qualquer pessoa que possa considerar a adopção de SaaS de computação em nuvem. As conclusões do estudo foram então baseadas exclusivamente na peça do investigador no que diz respeito à hipótese do estudo.

5.2 Discussão

As discussões aqui estão basicamente relacionadas com os resultados do estudo em comparação com os objectivos e em referência à revisão bibliográfica no capítulo dois do estudo - ideias e pesquisas diversificadas de diferentes académicos e as suas descobertas.

5.2.1 Estabelecer os serviços de Tecnologia da Informação utilizados como SaaS no Sacco

O estudo procurou estabelecer os serviços informáticos utilizados como SaaS no Sacco. A partir da revisão bibliográfica, vários investigadores, incluindo Joseph (2009), indicaram que a maioria dos Saccos tinha adoptado as TIC, mas não deram uma indicação clara sobre se os serviços de TI estavam a funcionar na nuvem. O objectivo recebeu resultados mistos dos membros do pessoal da Sacco. Os serviços de TI que são utilizados pela Stima Sacco são, portanto, SMS, o que é moderado em termos de utilização, conforme indicado pelos inquiridos em 40,63%, 29,69% pensavam que o serviço era utilizado em grande medida e depois 12,5% indicavam que o era em grande medida. A partir dos resultados concluímos, portanto, que 80% pelo menos estão de acordo em que o serviço é bem utilizado. A mesma confidencialidade foi experimentada com a utilização do website do Sacco, que mostrou uma utilização muito melhor do serviço. As conclusões indicaram que 26,56% dos inquiridos consideraram que a utilização do website foi moderada, 34,38% concordaram que foi excelente, enquanto 25% mostraram que foi muito excelente, o que foi um grande resultado do serviço com 85% de utilização. A utilização de dinheiro móvel é também um serviço que o Sacco pode dizer que foi escolhido com 23,44% a mostrar que foi moderado, 42,19% a indicar que foi em grande medida e 15,63% a mostrar que foi em grande medida.

Em comparação com outros serviços informáticos como o USSD que, com os resultados, a utilização é relativamente muito baixa. O investigador observou que 35,94% do inquirido indicou que a utilização não era de todo, enquanto 43,75% mostrou que era em pequena medida. Este resultado levou o investigador a concluir que a utilização do serviço no Sacco é muito baixa. Isto também se aplicou ao serviço ATM que também obteve uma pontuação muito baixa em termos de utilização, tendo a maioria do inquirido indicado que não foi utilizado de todo 9,38% e 60,94 indicado que foi utilizado em pequena escala. Isto concluiu que a sua utilização era muito baixa e que o Sacco terá de a rever.

Por conseguinte, os serviços de TI estudados são bons para o Sacco, uma vez que estão alinhados com os mandatos centrais do negócio. No entanto, o Sacco terá de analisar os dois serviços que a sua utilização é muito baixa, de modo a manter o Sacco numa posição competitiva. Isto foi apoiado por Oyugi (2014) que fez um estudo para determinar se o efeito da automatização dos serviços no SACCOS poderia ter um impacto no seu desempenho financeiro.

5.2.2 Descobrir os factores que influenciam a computação em nuvem SaaS no Sacco.

Os factores que influenciam a adopção do SaaS no Sacco são amplamente classificados em três aspectos tecnológicos, organizacionais e ambientais, tal como afirmado por Harfoushi (2016). Sob os factores tecnológicos, a investigação descobriu que o SaaS elimina o custo do licenciamento e posse de software. Nas conclusões, 39,1% do inquirido concordou e foi apoiado por um adicional de 34,4% que foi um bom resultado acumulado de 73,5% para concordar que o SaaS elimina o custo do licenciamento e posse de software. 23,4% dos inquiridos estavam em situação neutra e 3,1% discordaram fortemente. Harfoushi's estava portanto correcto com as suas conclusões sobre como a computação em nuvem pode eliminar o custo do licenciamento de software, posse de hardware, e custos iniciais e de conservação. Ao mesmo tempo, SaaS mostrou como pode melhorar a escalabilidade com um resultado acumulado de 79,7% que foi o seguinte; 59,4% dos inquiridos que concordaram e 20,3% concordaram fortemente com a afirmação que deixou apenas 15,6% em neutro e 4,7% que mostrou que discordavam fortemente. Isto indicou que o SaaS aumenta a escalabilidade da forma como o Sacco gostaria de trabalhar. Por outro lado, SaaS demonstrou que torna os serviços compatíveis com o trabalho do Sacco, o que foi acordado por 46,9% e 20,3% indicou que concordavam fortemente, enquanto 25% mostraram que estavam em neutro com ele, 3,1% indicando que discordavam e um baixo 4,7% que discordavam fortemente. Isto significava que a declaração tinha 67,2% de resultados acumulados sobre os que concordavam com ela, daí resultando a conclusão de que, ao utilizar SaaS, tornava os serviços de computação em nuvem compatíveis com todas as características do trabalho do Sacco em referência a (Morgan, 2012).

Factores organizacionais como a rastreabilidade promovem a colaboração e a abertura também influenciam a adopção de SaaS de computação em nuvem. Tal como afirmado por Frenzyield (2013), quando as pessoas sabem o que se passa a partir de um ponto de trabalho, tendem a sentir-se parte de algo, aumentando assim a rastreabilidade. A partir do estudo, foi estabelecido que 71,9% dos inquiridos concordaram e concordaram fortemente. Também aludiu à computação em nuvem SaaS aumenta a auditabilidade, o que demonstra que as coisas estão a ser feitas correctamente, o que teve uma resposta acumulativa de 75% que concordaram e concordaram fortemente com a afirmação. Além disso, Isaac (2015) explicou como uma organização precisa de um fornecedor de serviços em nuvem de confiança que possa resolver questões imperativamente devido às normas e cultura do ambiente informático. Na constatação, um acumulado de 67,2% concordou e concordou fortemente com a declaração que deu ao investigador uma média de 71,37%, demonstrando assim que os factores tecnológicos movidos influenciam certamente a adopção da computação em nuvem SaaS.

Os outros factores que foram considerados foram factores ambientais como a segurança e questões legais. Voas e Zhang (2011) explicaram que as questões de segurança e legais se tornam uma preocupação sobretudo quando estão envolvidos dados e informações - assegurando que os riscos de segurança, as jurisdições e a confidencialidade dos dados são primordiais. Para responder a isto, os inquiridos foram questionados sobre a sua opinião sobre se o SaaS aborda a continuidade do negócio e as normas de protecção de dados. Uma resposta acumulativa de 70,3% concordou e concordou fortemente com a declaração. Também lhes foi perguntado se o âmbito do Sacco exige um sistema de informação mais avançado e o SaaS parecia ser a resposta em termos de inovação de dados e viu um resultado acumulativo de 73,5% que concordaram e concordaram fortemente com a declaração. Sob a mesma categoria, uma acumulação de 76,5% concordou fortemente e concordou indicando que os funcionários estavam de acordo em que a volatilidade do mercado exige que o Sacco abrace a inovação informática nas suas funções empresariais. Isto deu, portanto, uma acumulação média de 73,34% que indicava que os factores ambientais a serem descobertos influenciam a adopção do SaaS cloud computing.

5.2.3 Avaliar os efeitos da adopção de SaaS de computação em nuvem nos serviços Sacco.

Uma série de efeitos da adopção de SaaS de computação em nuvem foram destacados como descrito pela Salesforce (2017). No estudo, a investigação fez uma avaliação de como a poupança de custos pode ser um efeito da adopção de SaaS de computação em nuvem no serviço Sacco. Mishra (2016) descreveu como o custo pode afectar o que em termos de aquisição dos equipamentos, infra-estruturas e também software, poupando assim tempo e dinheiro ao Sacco que pode ser incorrido. Isto teve um resultado cumulativo de 77,35% dos inquiridos que concordaram e concordaram fortemente. Mishra (2016) também apoiou o facto de a computação em nuvem SaaS monitorizar cuidadosamente a segurança em termos de características de segurança que é significativa e mais eficiente do que um sistema convencional interno. Isto levou, por conseguinte, a que as informações sensíveis sejam mantidas fora das instalações. A partir do estudo, uma acumulação de 73,4% do inquirido indicou que concordava fortemente com esta afirmação.

A flexibilidade é também outro efeito que Lindsey (2013) mostrou como a computação em nuvem SaaS alavanca em termos de fácil adição ou redução da largura de banda e serviços baseados em nuvem que podem ser satisfeitos através de pay-as-you-use. Também mostra como o Sacco não precisa de passar por uma complexa e dispendiosa actualização da sua infra-estrutura. A flexibilidade como efeito teve um efeito cumulativo de 80,45% do inquirido que concordou e discordou fortemente. Enquanto que, por outro lado, *Hughes* (2016) elaborou como a mobilidade de serviços é um efeito para o SaaS cloud computing. Na sua discussão, ele apontou que o SaaS permite grandemente o acesso móvel aos dados e informações do Sacco através de múltiplos dispositivos e também o pessoal programado ou ausente do escritório pode ter uma actualização instantânea com clientes e colegas de trabalho. Os resultados aqui indicados indicam uma acumulação de 60,20% dos inquiridos que concordaram e discordaram com a declaração.

A acrescentar à lista está o controlo de qualidade, que é explicado por Sturt (2016) como sistema baseado na nuvem, permitindo que os documentos sejam armazenados num único local e num único formato onde todos podem aceder à mesma informação para manter a consistência. O estudo descobriu que um resultado acumulativo de 57,05% concordava e estava fortemente de acordo com a declaração. Enquanto Jeff (2016) explicou como a recuperação de desastres é também um efeito que pode afectar a adopção de nuvens SaaS. No seu argumento, Jeff (2016) declarou que os serviços baseados na nuvem fornecem uma rápida recuperação de dados para todos os tipos de desastres que possam atingir o Sacco. Acrescentou que isso reduz o tempo de paragem que pode levar à perda de produtividade, receitas e reputação da marca. Isto foi acordado e fortemente acordado pela acumulação de 57,8% dos inquiridos. No entanto, Hinchcliffe (2011) afirmou a investigação recente da IBM que mostrou que a implantação da computação em nuvem dá a uma organização uma vantagem competitiva sobre os rivais que não a têm. Na procura do resultado para mostrar se a nebulosa computacional deu ao Sacco uma vantagem, uma acumulação de 67,2% do inquirido concordou e concordou fortemente.

Portanto, dando à investigação uma média acumulativa de 67,64% que está acima da média, indicando assim que os efeitos declarados afectam certamente a adopção de SaaS pela nebulosa computacional, pelo que a adopção de SaaS pela nebulosa computacional terá um impacto significativo nas operações do Sacco.

5.4 Conclusão

É quase evidente que Saccos é crucial para as economias dos países em desenvolvimento. O relatório realizado pelo Kenya National Bureau of Statistics destaca que o sector do tabaco é vibrante, dinâmico e proporciona as elevadas oportunidades de emprego no Quénia (Kenya National Bureau of Statistics, 2016). Além disso, o relatório destaca a necessidade de envidar todos os esforços para crescer e sustentar o sector. Esta investigação foi conduzida com base no facto de que a tecnologia pode ser um motor para a eficácia e eficiência da Saccos, a computação em nuvem SaaS em particular pode ser uma via para acelerar as capacidades tecnológicas da Saccos. A premissa é que as tecnologias de nuvem reduzem as barreiras no acesso às tecnologias mais recentes e têm a capacidade de escalar de forma dinâmica à medida que o negócio cresce. O estudo demonstrou que existe uma necessidade de criar mais consciencialização e construir conhecimento da tecnologia de computação em nuvem.

O estudo também demonstrou que existe um nível razoável de adopção do SaaS das funções empresariais do Sacco. Das 8 funções empresariais, 5 delas tiveram 50% da resposta indicando que estão implantadas na nuvem de RH & Folha de Pagamento, Gestão de Inventário & Fornecimentos e Planeamento de Recursos Empresariais tiveram 30% dos inquiridos. Este número sugere que existe disponibilidade no mercado para a adopção de aplicações e serviços baseados na nuvem de SaaS. O estudo também estabeleceu factores potenciais que encorajariam ou impediriam a adopção da computação em nuvem baseada em SaaS. No que diz respeito a encorajar a adopção, foi identificado que o Saccos seria impulsionado para a nebulosa computacional com base na poupança de custos, na melhoria da eficiência operacional e na facilitação do crescimento empresarial. Por outro lado, verificou-se que existem factores internos, desafios técnicos e operacionais, privacidade e segurança, e questões relacionadas com os fornecedores constituem os erros de preocupação que poderiam impedir a adopção de tecnologias de cloud computing.

5.5 Valor do estudo

5.5.1 Stima Sacco

O estudo indica que existe o uso da nuvem de SaaS no Sacco e desempenha um papel importante nas funções empresariais do Sacco. A partir dos questionários analisados, o investigador notou que os questionários que foram recolhidos no mesmo departamento também pareciam semelhantes na forma como estavam a ser respondidos. Portanto, é uma indicação clara de que o pessoal utiliza esses sistemas mas não sabe mais sobre como os sistemas funcionam e de onde. O investigador recomenda assim que o Sacco dê regularmente formação adequada ao seu pessoal para que este esteja actualizado com a chamada tendência tecnológica em mudança.

5.5.2 Organismos reguladores do tabaco

O estudo revelou que existe uma necessidade definitiva de um quadro de adopção de tecnologia para a adopção de computação em nuvem SaaS. Este quadro serviria como uma ferramenta para avaliar a prontidão da nuvem e permitiria que um Sacco pusesse em prática medidas adequadas em preparação para a mudança tecnológica. Além disso, o quadro ajuda a assinalar potenciais áreas problemáticas que teriam de ser abordadas antes da implementação de serviços ou aplicações SaaS em nuvem. Isto seria benéfico para Saccos, que muitas vezes são limitados em termos dos seus recursos, no planeamento e execução de implementações de tecnologias de nuvens. Do ponto de vista dos fornecedores, o estudo revelou que existe uma necessidade de criar mais consciencialização e construir competências relacionadas com as tecnologias de nuvens. Os vendedores de nuvens poderiam, por exemplo, organizar seminários, workshops e conferências que serviriam para informar as empresas sobre o que podem alcançar através da adopção de tecnologias de nuvens.

Isto, por sua vez, conduziria e encorajaria mais Saccos, a adoptar as tecnologias SaaS cloud. A nível nacional, o governo através dos seus organismos reguladores tais como a Autoridade de Comunicação do Quénia (CAK) ou a Autoridade Nacional de TIC poderia iniciar discussões nesta área e trabalhar no sentido de formular uma estratégia nacional de nuvens SaaS.

5.6 Recomendação

O estudo também recomenda que as outras funções empresariais utilizadas no Sacco e não utilizadas na computação em nuvem também devem ser consideradas. As funções incluem HR & Payroll, gestão de inventários e suprimentos, planeamento de recursos empresariais e o sistema de segurança do Sacco.

Isto é consistente com as recomendações de um relatório geral sobre o estado da computação em nuvem no Quénia Omwansa, Waema e Omwenga, (2014). Além disso, ter em vigor políticas legais e regulamentares precisas ajudaria à adopção de tecnologias de nuvens em geral. Por exemplo, algumas das questões destacadas centraram-se na privacidade e segurança. O governo poderia dar orientações sobre jurisdição de dados e ter em vigor leis que protejam a sensibilidade e divulgação de informação empresarial. Isto estaria de acordo com as leis de outros países desenvolvidos que já formularam leis de protecção de dados.

5. 7 Áreas para investigação futura

Foi com a esperança da investigação que os resultados do estudo ajudariam na criação de um software como quadro de adopção de serviços para o desenvolvimento do Saccos no Quénia e também seriam utilizados para o conhecimento geral no avanço da nuvem como software como tecnologia de serviços.

Um estudo sobre como os efeitos do software de computação em nuvem como serviço no SACCOS contribuiu para o Produto Interno Bruto do país (PIB). Uma vez que já temos uma indicação da percentagem que as cooperativas contribuem para o PIB, que é de 45%.

CAPÍTULO 6

Referências

Alshamaila, Y., Papagiannidis, S., & Li, F. (2013). Adopção da computação em nuvem pelas PMEs do nordeste de Inglaterra: Uma estrutura multi-perspectiva. *Journal of Enterprise Information Management, 26(3)*, 250-275. http://doi.org/10.1108/17410391311325225

Asadi, S., Nilashi, M., Husin, A.R.C. et al. Inf Technol Manag (2017) 18: 305. Obtido em https://doi.org/10.1007/s 10799-016-0270-8

Atavachi, B. (2013). Efeito da Banca Electrónica no Desempenho Financeiro das Instituições de Micro-Finanças Depositantes no Quénia: Papel. Obtido em http://chss.uonbi.ac.ke/sites/default/files/chss/BENEDICT%20S.%20ATAVACHI%20D 61-70131-2007.pdf

Barile, M. (2016) Instrumento de investigação; Obtido em https://www.slideshare.net/MhayeBarile1/research-instrument-69813352

Baryamureeba, V. (2014). Sobre a utilização da tecnologia para melhorar a prestação de serviços num SACCO. Recuperado de https://www.facebook.com/notes/prof-venansius-baryamureeba-phd/on- using-technology-to-enhance-service-delivery-in-a-sacco/798520743528133/

Biasharaleo Digital (2017) A próxima fase de crescimento da Stima Sacco toma forma; Recuperado de http://biasharaleo.co.ke/index.php/2017/02/20/stima-saccos-next-phase-of-growth-takes- shape/

Berl, A., Gelenbe, E., Di Girolamo, M., Giuliani, G., De Meer, H., Dang, M. Q., & Pentikousis, K. (2010). Computação em Nuvem com Eficiência Energética. *The Computer Journal, 53*(7), 10451051. http://doi.org/10.1093/comjnl/bxp080

Breakwell, G., Hammon, S., Fife-Schaw, C. & Smith, J. A. (Eds.). (2007). Métodos de investigação em psicologia (3ª ed.). Thousand Oaks, CA: Sage Publications.

Chang, V. (2015). Uma Proposta de Quadro de Negócios de Computação em Nuvem. Nova Iorque: Nova Science Publishers, Inc., Commack

Chapell, D. (2008). Uma breve introdução às plataformas de nuvens. Obtido em http://www.davidchappell.com/CloudPlatforms--Chappell.pdf

DeLone, W.H., & McLean, E.R. (2002). "Information Systems Success Revisited," in: Actas da 35ª Conferência Internacional do Havai sobre Ciências de Sistemas (HICSS 02). Big Island, Hawaii: pp. 238-249.

DeLone, W.H., & McLean, E.R. (2003). "The DeLone and McLean Model of Information Systems Success" (O Modelo DeLone e McLean do Sucesso dos Sistemas de Informação): A Ten-Year Update", Journal of Management Information Systems (19:4), Spring, pp 9-30.

El-Gazzar R.F. (2014) A Literature Review on Cloud Computing Adoption Issues in Enterprises. In: Bergvall-Kareborn B., Nielsen P.A. (eds) Creating Value for All Through IT. TDIT

2014. IFIP Advances in Information and Communication Technology, vol 429. Springer, Berlim, Heidelberg

Frost & Sullivan (2014). Cloud computing and Infrastructure-as-a-Service (IaaS) Obtido em https://ww2.frost.com/frost-perspectives/cloud-computing-and-infrastructure-service- iaas/

Gangwar, H., Data, H., & Ramaswamy, R. (2015). Compreender os determinantes da adopção da computação em nuvem utilizando um modelo TAM-TOE integrado. *Journal of Enterprise Information Management, 28(1)*, 107-130. http://doi.org/10.1108/JEIM-08-2013-

0065http://faculty.winthrop.edu/domanm/csci411/Handouts/NIST.pdf

Garrison, G., Kim, S., Wakefield .R.L. (2012). Factores de sucesso para a implementação da computação em nuvem.
Commun ACM 55(9):62-68

Griffith, E. (2016). O que é a Cloud Computing? Obtido a partir de https://www.pcmag.com/article2/0,2817,2372163,00.asp

Harfoushi, O., Hakim, A., Aqqad, N., Al Janini, M. & Obiedat, R. (2016). Factores que afectam a intenção de adoptar o Cloud Computing nos Hospitais da Jordânia. Comunicações e Rede 08 :02, 88-101.

Hillsberg, A. (2015). O Estado de SaaS em 2015: Tendências do Mercado Global, Previsões de Crescimento, Relatórios da Indústria. Obtido em https://financesonline.com/state-saas-2015-global- market-trends-growth-forecasts-forecasts-industriy-reports/

Hinchcliffe, D. (2009). Oito maneiras que a computação em nuvem vai mudar o negócio: Obtido a partir de http://www.zdnet.com/article/eight-ways-that-cloud-computing-will-change-business/

Hughes, A. (2016) Descrição do Efeito da Computação em Nuvem numa Infra-estrutura de TI Tradicional; Recuperar de http://smallbusiness.chron.com/description-effect-cloud- computing-traditional-infrastructure-69534.html acedido em 25/1/2018

Ikechukwu, N. (2015) A Comparison of Cloud Computing Platforms; School of Architecture, Computing and Engineering University of East London Dockland Campus, London United Kingdom, International Conference on Circuits and Systems.

Kaminski, J. (2011). Difusão da Teoria da Inovação Revista Canadiana de Informática de Enfermagem, 6(2). Teoria na Coluna de Informática de Enfermagem. http://cjni.net/journal/?p=1444

Karuiki, J. (2016); Kuscco woos pequenos saccos com servidores de computação em nuvem que poupam custos;
Recuperado de https://www.businessdailyafrica.com/Kuscco-woos-small-saccos-with- cloud-computing-servers/1248928-3209228-item-1-13lngj2/index.html

Khan, N. & Al-Yasiri, A. (2015) Framework for cloud computing adoption: a roadmap for smes to cloud migration. Escola de Ciências e Engenharia Informática, Universidade de Salford, Manachester, Reino Unido

Kombo, D.K. & Tromp, D.A. (2009). Elaboração de Propostas e Teses: *Uma Introdução*. Nairobi. Paulines Publications Africa, Don Bosco Printing Press.

Leedy, P.D. & Ormrod, J. E. (2010) Practical Research: Planeamento e Design, Nona Edição. NYC: Merril.

Lin A, Chen NC (2012) Cloud computing como uma inovação: percepção, atitude, e adopção. Int J Inf Manage 32(6):533-540

Lindsey, N. (2013) The Impact of Cloud Computing on Real-World Businesses; Obtido em http://www.digitalistmag.com/technologies/cloud-computing/2013/08/20/impact-of- cloud-computing-on-real-world-businesses-0459523

Maamar, F. (2013) How cloud computing is impacting everyday life; Retrieved from https://www.ibm.com/blogs/cloud-computing/2013/04/how-cloud-computing-is- impactting-everyday-life/

Marijn, J. & Anton, J. (2011). Desafios para a adopção de Soft Ware como Serviço (Saas) Baseado na

Nuvem no Sector Público. ECIS 2011 Proceedings.80. Obtido em http://aisel.aisnet.org/ecis2011/80

Marilyn, K.S. (2011). Dissertação e investigação académica: Receitas para o sucesso (edição de 2011). Seattle, WA, Dissertação de sucesso, LLC www.dissertationrecipes.com

Marilyn, S. (2011). Pressupostos, limitações e delimitações. Em dissertação e investigação académica: Receitas para o sucesso (edição de 2011). Seattle, WA: Dissertação de sucesso.

Marin, C. (2012), Microsoft Windows Azure desenvolvimento de aplicações em nuvem e conceitos de segurança. Tese de Bacharelato, Universidade de Ciências Aplicadas de Kemi-Tornio. Obtido a partir de https://www.theseus.fi/bitstream/handle/10024/52911/MARIN_thesis2.pdf?sequence=1

Mather, T., Kumaraswamy, S., & Latif, S. (2009); Cloud security and privacy: Uma Perspectiva Empresarial sobre Riscos e Conformidade (Teoria na Prática). Sebastopol, CA: O'Relly Media.

McGowan, E. (2010). Comparação de estratégias de Recuperação de Catástrofes: Seminário Web CRM. Obtido em http://www.campaignercrm.com/en/community/blog/crm/post/comparing-disaster- recovery-strategies/

Mell, P., & Grance, T. (2011). A Definição NIST de Cloud Computing (Draft) Recomendações do Instituto Nacional de Normas e Tecnologia. *Publicação Especial da NIST, 145,* 1-7.

Mishra, N. (2016). Cloud computing significa Eficiência, Flexibilidade e Poupança de Custos, tudo reunido num só; Cloud computing. Obtido a partir de

https://www.netmagicsolutions.com/blog/cloud-computing-means-efficiency-flexibility- e - poupança de custos -bundled

Mochere, P., Osoro, K., Nyagol, M. & Odoyo, F. (2016). Influence Of Information Technology In Enhancement of Sustainable Competitive Advantage Of Saccos In Kisii County: IOSR Journal of Humanities And Social Science (IOSR-JHSS) Volume 21, Número 3, Ver. I (Mar. 2016) PP 103-117e-ISSN: 2279-0837, p-ISSN: 2279-0845.

Mohammed A.A., Soh, B. & Pardede, E. (2012). Um novo modelo para garantir a segurança nos serviços de cloud computing; Obtido em https://link.springer. com/article/10.1007%2F s 12927-012-0002-5

Morgan, L. (2012). Factores que afectam a adopção do Cloud Computing: Obtido em http://www.cbod.u-psud.fr/wp-content/uploads/2014/10/Factors-Affecting-The- Adopção de computação em nuvem.pdf

Mugenda, O. & Mugenda, A. (2003). Métodos de Investigação Abordagens Quantitativas e Qualitativas. Nairobi. Nairobi Acts press.

Mugenda, O. & Mugenda, A. (2009). *Métodos de Investigação Abordagens Quantitativas e Qualitativas.* Nairobi. Nairobi Acts press.

Mugwe, D. (2011). A nova candidatura da Fintech em benefício dos membros da Sacco: Artigo tecnológico. Obtido em https://www.businessdailyafrica. com/Fintech-s-new-application-to-benefit-Sacco-members-/1248928-1285798-view-printVersion-5u50oc/index.html;

Mugwe, D. (2011). O Saccos do Quénia luta pela partilha de fundos com os bancos comerciais: *The EastAfrican News Paper.* Obtido em http://www.theeastafrican.co.ke/business/Kenya-s-Saccos-battle-for-share-of-funds-with- commercial-banks/2560-1849404-152vbww/index.html

Mulder, P. (2012). Difusão de inovações (Rogers). Obtido em

https://www.toolshero.com/marketing/diffusion-of-innovations-rogers/

Mwaka, J. (2017). SASRA. Lançamento do Relatório Anual de Supervisão da Sacco Societies 2016/17. Recebido de https://www.sasra.go.ke/index.php/news-updates/latest- news#.W3GtqTFRXIV

O'Connell, J. (2011). 16 maneiras como a nuvem mudará as nossas vidas; extraído de http://online.wsj.com/ad/ article/cloudcomputing-changelives

Oliveira, T., Thomas, M. & Espadanal, M., (2014). Avaliar os determinantes da adopção da computação em nuvem: Uma análise dos sectores da manufactura e dos serviços. Information & Management , 51 (5), pp.497-510.

Oluwatosin, H. S. (2014). Modelo Cliente-Servidor. *IOSR Journal of Computer Engineering (IOSR-JCE)*. Obtido a partir de http://www.iosrjournals.org/iosr-jce/papers/Vol16-issue1/Version-

Omondi, M. (2017). Comissão de Ética para as Sociedades Cooperativas. Obtido em http://www.industrialization.go.ke/index.php/departments/co-operatives- directorate/ethics-commission-for-cooperative-societies-eccos?showall=1

Omwansa, T.K, Waema T.M & Omwenga M.B. (2013). Cloud Computing in Kenya A 2013 Baseline Survey.

Oyugi, C.A. (2013). O efeito da dimensão no desempenho financeiro das instituições microfinanceiras e bancos comerciais que recebem depósitos no Quénia. Projecto MBA não publicado, Universidade de Nairobi.

Oyugi, I.G. (2014). O efeito do serviço automatizado no desempenho financeiro das sociedades cooperativas de poupança e crédito licenciadas pela SASRA no Quénia. Projecto MBA não publicado, Universidade de Nairobi.

Papai, J. (2015). Movimentos Cooperativos (Saccos). Directório Soko. Obtido em https://sokodirectory. com/2015/03/co-operative-movements-saccos/

Pressman, R. S. (2005). Engenharia de software: *a* abordagem de um praticante (6ª ed). Boston, Massachusetts: McGraw-Hill.

Regoniel, P.A.(2015). Duas Dicas sobre Como Escrever o Significado do Estudo: Obtido em http://simplyeducate.me/2015/02/09/two-tips-on-how-to-write-the-significance-of-the- study/

Riedke, S. (2010).Efeitos da informatização sobre as cooperativas de poupança e crédito no Uganda: Obtido em https://mmumf.files.wordpress.com/2011/06/riedke-2010-effects-of-computerization-on-saving-and-credit-cooperatives-in-uganda.pdf

Rogers, E. M. (2003). Difusão de inovações. Imprensa livre.

Rogers, E. M. (1976). Adopção e difusão de novos produtos. Journal of Consumer Research, 2 (Março), 290 -301.

Rato, M. (2013) Eucalipto. Obtido de

http://searchcloudprovider.techtarget.com/definition/Eucalyptus

Salesforce Hub (2017); Benefícios do Cloud Computing: Obtido a partir de

https://www.salesforce.com/hub/technology/benefits-of-cloud/

Schimel J. (2012) Writing Science. *Como escrever trabalhos que são citados e propostas que são fUnded, Nova* Iorque: Imprensa da Universidade de Oxford http://writingcenter.unc.edu/handouts/thesis-declarações/

Shin, I. (2006, Abril). Revisão detalhada da difusão de Rogers da teoria das inovações e estudos relacionados com a tecnologia educacional baseados na teoria de Rogers. O Turco Online

Journal of Educational Technology - TOJET Abril de 2006, 5(2),   14-23. www.tojet.net/articles/v5 i2/523.pdf

Smith, D. (2013). Agenda panorâmica da computação em nuvem, 2013 (ID: G00245760). Recuperado da base de dados Gartner.

Scott, S. (2016). O impacto da computação em nuvem nos negócios: Blog académico. Obtido em https://cloudacademy. com/blog/cloud-computing-impact-on-business/

Stanoevska, K., Wozniak, T. & Santi Ristol, S. (2009). Grid And Cloud Computing: Uma perspectiva empresarial sobre tecnologia e aplicações. Obtido a partir de https://www.goodreads.com/book/show/7206173-grid-and-cloud-computing

Stima-sacco.com (2017) Sobre Stima Sacco: página. Recuperado de http://www.stima-sacco.com/

Steddum, J. (2013). Uma breve história da nebulosa computacional; Recuperar de http://blog.softlayer.com/2013/virtual-magic-the-cloud/

Sultão, N. (2014). Utilização da computação em nuvem para a prestação de cuidados de saúde: Oportunidades e desafios. *International Journal of Information Management, 34,* 177-184. Obtido a partir de https://doi.org/10.1016/j.ijinfomgt.2013.12.011

Swaen, B. (2015). Quadro conceptual: Base de conhecimento. Recuperar de https://www.scribbr.com/dissertation/conceptual-framework/

Tiren, K. K. (2017). *Adopção da computação em nuvem pelas Pequenas e Médias Empresas do NairobiCounty* (Tese). Universidade de Strathmore. Obtido a partir de http://suplus.strathmore.edu/handle/11071/5644

Toews, D. (2003) The New Tarde: Sociology after the End of the Social Theory Culture & Society 20 (5), 81-98.

Tornatzky, L. & Fleischer, M. (1990). *Os processos de inovação tecnológica.* Lexington, MA: Lexington Books.

Trek, S. (2014). Tamanho da amostra: Amostras aleatórias estratificadas; Obtidas de http://stattrek.com/sample-size/stratified-sample.aspx acedidas em 4/3/2018

Truehost Cloud Ltd (2016) Provedores de nuvens no Quénia; Obtido a partir de https://www.truehost.co.ke/cloud-providers-kenya/

Tweney, D. (2013). *O crescimento da aplicação móvel explodindo, e não mostra sinais de abrandamento;* http://www.venturebeat. com/2013/07/10/state-of-the-apposphere/

Voas, J. e Zhang, J. (2009), "Cloud computing: new wine or just a new bottle?", IT Professional , Vol. 11 No. 2, pp. 15-17.

Wanyama, O. F. (2008). Encontro das provas: Cooperatives and Poverty Reduction in Africa, *Journal of Cooperative Studies,* Vol. 41, No. 3, 16-27.

Warneryd, K. (2001). Distributional Conflict and Jurisdictional Organization, *Journal of Public Economics* 69, 435-450

Wejnert, B. (2002). Integrando Modelos de Difusão de Inovações: Um Quadro Conceptual. Annual Review of Sociology (Annual Reviews) 28: 297-306.

Winkler, R. L. (2003). An Introduction to Bayesian Inference and Decision (2^a ed.). Gainesville, FL:

Publicação Probabilística

Winkler, V. (2011). Securing the Cloud: Técnicas e Tácticas de Segurança Informática. Nova Iorque; Syngress

Williams, B. (2012). A economia da computação em nuvem: Uma visão geral para os decisores. Indianapolis, IN: Cisco Press.

Wilder, B. (2012). Padrões de arquitectura de nuvens (1ª ed.). Sebastopol, CA: O'Reilly Media.

Wozniak, T. & Ristol, S. (2009). Grid e Cloud Computing: A Business Perspective on Technology and Application (Uma Perspectiva Empresarial sobre Tecnologia e Aplicação). Edição de 2010.

Zhang, Q., Cheng, L., & Boutaba, R. (2010). Cloud computing: estado da arte e desafios de investigação. *Journal of Internet Services and Applications,* 7(1), 7-18. http://doi.org/10.1007/s13174-010-0007-6

Zheng, P., & Ni, L. M. (2006). Destaque: a ascensão do telefone inteligente. *Distributed Systems Online, IEEE, 7*(3). Recuperado de http://ieeexplore.ieee.org/xpls/abs_all.jsp?arnumber=1621016

Zikmund, W.G., Babin, B. J., Carr, J. C. & Griffin, M. (2010). *Business Research Methods,* (9th ed.) South Western. Cengage Publishers.

Zubair O. (2012) Determinação do tamanho da amostra; https://www.slideshare.net/zubis/sample-size-13281869

Apêndices

Anexo 1: Carta de apresentação do questionário

O meu nome é Geoffrey Asira; sou estudante na Universidade Nazarena de África, actualmente a realizar um Mestrado em Tecnologia de Informação Aplicada. Como parte do programa, estou no processo de fazer a minha tese conduzindo basicamente uma pesquisa sobre os efeitos do software como um serviço de adopção para o desenvolvimento do SACCOS no Quénia. Limitei-me à vossa organização Stima SACCO Society como o meu estudo de caso e peço-vos gentilmente que me ajudem preenchendo o seguinte questionário. A sua visão irá contribuir em muito para o desenvolvimento da minha investigação.

Por favor, responda a todas as perguntas, verificando uma das opções dadas. Para envio electrónico, envie o questionário por correio electrónico para a asira. geoffrey@gmail.com. *Esteja informado de que; a informação que será recolhida do questionário será utilizada especificamente para o objectivo da investigação e, por conseguinte, será mantida confidencialmente.*

SECÇÃO A: Questões gerais

1. Qual é o seu género?

   Masculino [ ] Feminino [ ]

2. A sua faixa etária?

18 - 35 anos [ ]   36 - 45 [ ]   46 - 65 [ ]

3. Nível de educação?

[ ] Certificado   [ ] Diploma

[Diplomado   [Pós-graduado

4. Em que departamento se encontra?

a) Finanças   [ ] b) Operações de crédito [ ] c) Adesão

d) Gestão do risco [ ] e) Investigação e formação [ ] f) Assuntos corporativos [ ]

g) TI e Inovação [ ] h) Marketing e Comunicação [ ] i) Operações [ ]

SECÇÃO B: *Consciência sobre software de computação em nuvem como um serviço*

5. Acha que o Sacco adoptou software de computação em nuvem como um serviço?

Sim [ ]   Não [ ]

6. Em que funções empresariais é que o Sacco implantou a computação em nuvem?

[ ] Email & Comunicação   [ ] Finanças e Contabilidade

[RH e Folha de Pagamento   [ ] Vendas e marketing

[ ] Customer Relationship Management   [ ] Cópias de segurança e armazenamento

[ ] Gestão de Inventário e Fornecimentos   [ ] Planeamento de Recursos Empresariais

[Outros, especificar...

7. Como classificaria o seu conhecimento e compreensão do Software de computação em nuvem como um serviço?

[ ] Muito Baixo [ ]⎦Baixo [ ] Moderado [ ] Alto [ ] Muito Alto

8. Utiliza algum sistema/aplicação que funcione na nuvem para as actividades diárias do Sacco?

Sim [ ]   Não [ ]

9. Em caso afirmativo, com que frequência utiliza este sistema/aplicação?

Nunca [ ] Nunca [ ] Raramente [ ] Por vezes [ ] Frequentemente [ ] Sempre

SECÇÃO C: *Serviços de TI utilizados como Software como Serviço no Sacco.*

10. Em que medida são os seguintes serviços utilizados como Software como Serviço

No.	Services	Not at All	Small Extent	Moderate Extent	Great Extent	Very Great Extent
i.	Short Message Service (SMS)					
ii.	Unstructured Supplementary Service Data (USSD)					
iii.	Website					
iv.	Mobile Money					
v.	Automated Teller Machines (ATM)					

SECÇÃO D: Factores que influenciam a adopção de software como serviço de computação em nuvem

11. Factores tecnológicos.

		Strongly Disagree	Disagree	Neutral	Agree	Strongly agree
i.	Cloud computing as SaaS eliminates cost of software licensing and hardware possession, upfront and conservation costs.					
ii.	By using SaaS, it enhances scalability in the manner that the Sacco would like to work.					
iii.	When using SaaS, it makes the cloud computing services to be compatible with all characteristics of the Sacco's work.					

12. Factores organizacionais.

		Strongly Disagree	Disagree	Neutral	Agree	Strongly agree
i.	Cloud computing promotes collaboration and openness. When people know what is going on from a work point, they tend to feel part of something hence increases traceability.					
ii.	Cloud computing SaaS increases audit-ability which demonstrates that things are being done properly in the right way.					
iii.	The Sacco needs a trusted cloud service provider who can sort out issue imperatively due to the norms and culture of the IT environment.					

13. Factores ambientais.

		Strongly Disagree	Disagree	Neutral	Agree	Strongly agree
i.	SaaS addresses business continuity and data protection standards hence security and legal issues covered.					
ii.	The scope of the Sacco calls for a more advanced Information System and SaaS seems to be the answer in terms of data innovation.					
iii.	With the market volatility, organizations want to embrace IT innovation in their business functions.					

SECÇÃO E: Efeitos da adopção de software de computação em nuvem como um serviço nos serviços Sacco

14. O software de computação em nuvem como serviço poupa os custos de operações Sacco.

		Strongly Disagree	Disagree	Neutral	Agree	Strongly agree
i.	When using SaaS, it is easy to access to the Sacco's data faster which saves time and money compared to in-house systems.					
ii.	Cloud computing SaaS has an option of pay-as-you-go and therefore no need to have the systems in-housed with some staffs.					

15. Os anfitriões de Cloud Computing oferecem uma segurança monitorizada cuidadosamente.

		Strongly Disagree	Disagree	Neutral	Agree	Strongly agree
i.	Cloud computing SaaS comes with advanced features of security which is significantly more efficient than a conventional in-house system.					
ii.	By using SaaS, it is actually much safer to keep sensitive information off-site.					

16. A computação em nuvem permite a flexibilidade.

		Strongly Disagree	Disagree	Neutral	Agree	Strongly agree
i.	With cloud computing SaaS, it is easy to add or reduce bandwidth and cloud-based services which can be met instantly thus pay-as-you-use.					
ii.	With SaaS, the Sacco does not need to undergo a complex and expensive update to its infrastructure hence improves overall efficiency of the Sacco.					

17. O software de computação em nuvem como serviço promove a mobilidade de serviços.

		Strongly Disagree	Disagree	Neutral	Agree	Strongly agree
i.	Cloud computing SaaS allows for mobile access to the Sacco's data via multiple devices.					
ii.	SaaS allows staff with busy schedule or live away from the Sacco's offices to keep instant up-to-date with clients and coworkers.					

18. Com o software de computação em nuvem como serviço, há controlo de qualidade.

		Strongly Disagree	Disagree	Neutral	Agree	Strongly agree
i.	Cloud-based system allows for documents to be stored in one place and in a single format where everyone can access the same information to maintain consistency.					

19. A recuperação de desastres é melhorada quando se utiliza software de computação em nuvem como um serviço.

		Strongly Disagree	Disagree	Neutral	Agree	Strongly agree
i.	Cloud-based services provide a quick data recovery for all kinds of disaster that may strike the Sacco hence reducing the downtime that may lead to lost in productivity, revenue and brand reputation.					

20. A computação em nuvem dá ao Sacco uma vantagem competitiva.

		Strongly Disagree	Disagree	Neutral	Agree	Strongly agree
i.	Having SaaS places the Sacco at a distinct advantage when competing with others.					

Obrigado por encontrar algum tempo na sua agenda atarefada para preencher o questionário.

AFRICA NAZARENE
U N I V E R S I T Y

Our Ref: ANU/CIT/MSCIT/2018   March 26, 2018

National Commission for Science, Technology and Innovation (NACOSTI)
Utalii House, Off Uhuru Highway
P.O Box 30623,00100 GPO
NAIROBI

Dear Sir/Madam,

RE: LICENSING OF RESEARCH FOR GEOFFREY ASIRA - REG NUMBER: 16J03EMIT009

The above named is a bone fide student pursuing a Master of Applied Information Technology in the School of Science and Technology, Computer Information Technology department, Africa Nazarene University. As part of the course, students are required to undertake a research project. The student is currently carrying out her research project entitled: "EVALUATION ON THE EFFECT OF CLOUD COMPUTING ADOPTION FOR THE DEVELOPMENT OF SACCOS IN KENYA".

We would be grateful if you could assist her obtain a license to conduct the research.

In case of any queries about the exercise feel free to contact me via email on agichamba@amu.ac.ke.

Yours Sincerely,

Dr.Amos Gichamba
Head of Department,
Africa Nazarene University

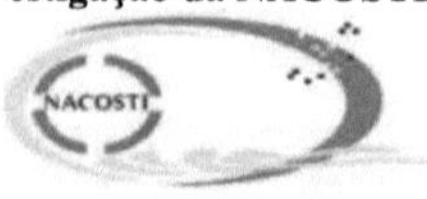

NATIONAL COMMISSION FOR SCIENCE, TECHNOLOGY AND INNOVATION

Telephone:+254-20-2213471,
2241349,3310571,2219420
Fax:+254-20-318245,318249
Email: dg@nacosti.go.ke
Website : www.nacosti.go.ke
When replying please quote

NACOSTI, Upper Kabete
Off Waiyaki Way
P.O. Box 30623-00100
NAIROBI-KENYA

Ref No. **NACOSTI/P/18/96603/22149**

Date: **16ᵗʰ April, 2018**

Geoffrey Asira
Africa Nazarene University
P.O. Box 53067-00200
NAIROBI.

RE: RESEARCH AUTHORIZATION

Following your application for authority to carry out research on *"Evaluation on the effect of cloud computing adoption for the development of SACCOs in Kenya,"* I am pleased to inform you that you have been authorized to undertake research in **Nairobi County** for the period ending **12ᵗʰ April, 2019.**

You are advised to report to **the County Commissioner and the County Director of Education, Nairobi County** before embarking on the research project.

Kindly note that, as an applicant who has been licensed under the Science, Technology and Innovation Act, 2013 to conduct research in Kenya, you shall deposit **a copy** of the final research report to the Commission within **one year** of completion. The soft copy of the same should be submitted through the Online Research Information System.

GODFREY P. KALERWA MSc., MBA, MKIM
FOR: DIRECTOR-GENERAL/CEO

Copy to:

The County Commissioner
Nairobi County.

The County Director of Education
Nairobi County.

CONDITIONS

1. The License is valid for the proposed research, research site specified period.
2. Both the Licence and any rights thereunder are non-transferable.
3. Upon request of the Commission, the Licensee shall submit a progress report.
4. The Licensee shall report to the County Director of Education and County Governor in the area of research before commencement of the research.
5. Excavation, filming and collection of specimens are subject to further permissions from relevant Government agencies.
6. This Licence does not give authority to transfer research materials.
7. The Licensee shall submit two (2) hard copies and upload a soft copy of their final report.
8. The Commission reserves the right to modify the conditions of this Licence including its cancellation without prior notice.

REPUBLIC OF KENYA

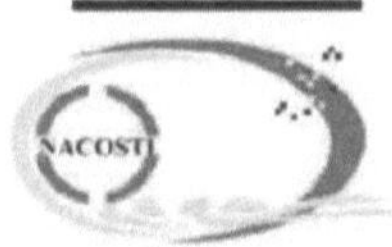

National Commission for Science, Technology and Innovation

RESEARCH CLEARANCE PERMIT

Serial No.A 18250

CONDITIONS: see back page

THIS IS TO CERTIFY THAT:
MR. GEOFFREY - ASIRA
of **AFRICA NAZARENE UNIVERSITY,**
683-50200 Bungoma, has been
permitted to conduct research in
Nairobi County

on the topic: *EVALUATION ON THE EFFECT OF CLOUD COMPUTING ADOPTION FOR THE DEVELOPMENT OF SACCOS IN KENYA.*

for the period ending:
12th April, 2019

Permit No : NACOSTI/P/18/96603/22149
Date Of Issue : 16th April, 2018
Fee Recieved : Ksh 1000

....
**Applicant's
Signature**

....
**Director General
National Commission for Science,
Technology & Innovation**

Apêndice 6: Mapa da área de estudo

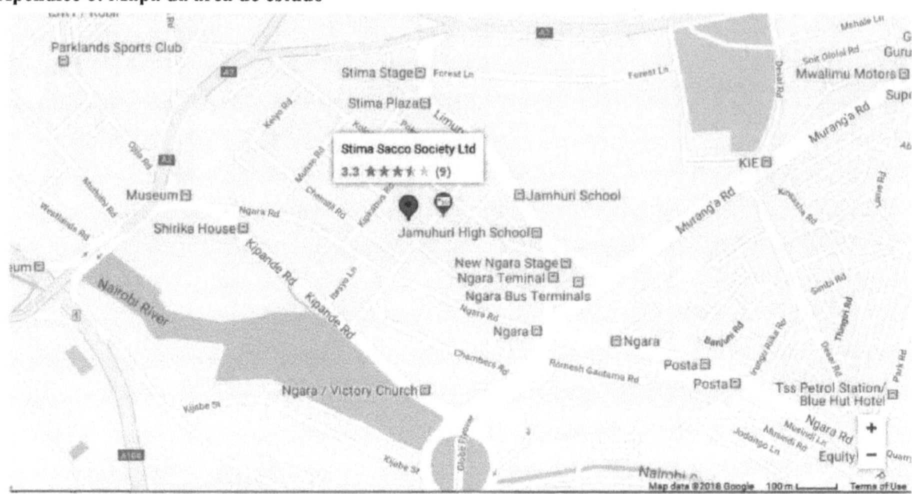

Anexo 7: Orçamento do Estudo

No.	Items/equipment	Quanty	Unit Price (Ksh.)	Total Price (Ksh.)
1	Toshiba Portege laptop	1	46,000.00	46,000.00
2	Printing services (pages)	1255	6.00	7,530.00
3	SPSS Training (lesson)	2	500.00	1,000.00
4	Transport (trips)			5,300.00
5	Data Bundles (GB)	70	100.00	7,000.00
6	Airtime			2,000.00
7	Spiral binding	7	60.00	420.00
8	Hard cover binding	8	400.00	3,200.00
				72,450.00

Apêndice 8: Quadro de subvenções

	0	Task Name	Duration	Start	Finish	Predecessors
1		Project Seminar	1 day?	Thu 10/19/17	Thu 10/19/17	
2		Getting 30 Referencing articles	15 days	Mon 10/23/17	Sun 11/12/17	1
3		Presentation of the topic	1 day?	Mon 11/13/17	Mon 11/13/17	2
4		Allocation of Supervisor	1 day?	Tue 11/14/17	Tue 11/14/17	3
5		Summary of the 20 references	7 days	Wed 11/15/17	Thu 11/23/17	4
6		Formulating the problem statement Objectives	3 days	Fri 11/24/17	Tue 11/28/17	5
7		Proposal writing	10 days	Wed 11/29/17	Tue 12/12/17	6
8		Presentation of Proposal	1 day?	Wed 12/13/17	Wed 12/13/17	7
9		Making correction from the Proposal presentation	45 days	Thu 12/14/17	Wed 2/14/18	8
10		Presentation of the corrections	1 day?	Thu 2/15/18	Thu 2/15/18	9
11		NACOSTI permit application	4 days	Fri 2/16/18	Wed 2/21/18	10
12		Design of the data collection tool	18 days	Thu 2/22/18	Mon 3/19/18	11
13		Test of the data collection tool	5 days	Tue 3/20/18	Mon 3/26/18	12
14		Data Collection	15 days	Tue 3/27/18	Mon 4/16/18	13
15		Data Analysis	24 days	Tue 4/17/18	Fri 5/18/18	14
16		Discussion and Recommendation	10 days	Mon 5/21/18	Fri 6/1/18	15
17		Formating and editing the report	29 days	Mon 6/4/18	Thu 7/12/18	16
18		Submitting Report for defense	1 day?	Fri 7/13/18	Fri 7/13/18	17
19		Defense power point	4 days	Mon 7/16/18	Thu 7/19/18	18
20		Final Defense	1 day?	Fri 7/20/18	Fri 7/20/18	19
21		Correction from the defense	19 days	Mon 7/23/18	Thu 8/16/18	20
22		Final submission	1 day?	Fri 8/17/18	Fri 8/17/18	21

More
Books!

info@omniscriptum.com
www.omniscriptum.com
OMNIScriptum